本书系中国人民大学科学研究基金项目
“人工智能投资顾问法律问题研究”（21XNF004）最终成果。

明　德　商　法　学　文　库

总主编　叶林

人工智能投资顾问法律问题研究

钟维　著

Study on the Legal Issues of Robo-advisers

法律出版社
LAW PRESS·CHINA
北京

图书在版编目(CIP)数据

人工智能投资顾问法律问题研究 / 钟维著. -- 北京：法律出版社, 2021(2023.8 重印)

ISBN 978-7-5197-5595-9

Ⅰ. ①人… Ⅱ. ①钟… Ⅲ. ①人工智能-投资-金融法-研究-中国 Ⅳ. ①D922.287.4

中国版本图书馆 CIP 数据核字(2021)第 082105 号

人工智能投资顾问法律问题研究 **RENGONG ZHINENG TOUZI GUWEN** **FALÜ WENTI YANJIU**	钟 维 著	策划编辑 沈小英 责任编辑 刘晓萌 装帧设计 李 瞻

出版发行 法律出版社
编辑统筹 法治与经济出版分社
责任校对 王晓萍 王语童
责任印制 吕亚莉
经　　销 新华书店

开本 710 毫米×1000 毫米 1/16
印张 13.5 **字数** 216 千
版本 2021 年 5 月第 1 版
印次 2023 年 8 月第 2 次印刷
印刷 固安华明印业有限公司

地址：北京市丰台区莲花池西里 7 号(100073)
网址：www.lawpress.com.cn
投稿邮箱：info@lawpress.com.cn
举报盗版邮箱：jbwq@lawpress.com.cn

销售电话：010-83938349
客服电话：010-83938350
咨询电话：010-63939796

书号：ISBN 978-7-5197-5595-9
定价：86.00 元

凡购买本社图书，如有印装错误，我社负责退换。电话：010-83938349

总　　序

随着社会主义市场经济体制的建立和完善，商事活动与创新实践异常活跃。与之相当的是，商法制度建设已经有了长足的发展，并使商法脱逸出“商人”“商行为”的支配地位，形成了适合我国国情的新型商法模式。中国人民大学商法学科隶属于法学院民商法教研室，其前身民法教研室是新中国最早设立的专门从事民商法教学与研究的机构，国内第一个民法学硕士、博士学位授予点，最早接收民商法学博士后研究人员。2000年，以民商法教研室为骨干的中国人民大学民商事法律科学研究中心成立，成为我国民商法领域唯一的教育部人文社会科学重点研究基地。1988年、2002年和2007年，民商法学科连续三次被列为国家重点学科。

近年来，中国人民大学商法学科在既有传统理论的基础上进一步发展，以实践中的商法思维面向中国实际、解决中国问题，在商法各个领域形成了一批有影响力的成果。从立法论的视角，注重体系化、类型化的思考方法，强调制度及理论的建构性和体系性，为推动民主立法、科学立法，提高立法质量建言献策；从解释论的视角，积极应对实践中亟待解决或新出现的问题，推动法律规范的正确解释和准确适用。

为推进商法各领域的理论研究和实务发展，中国人民大学法学院与相关机构合作，共同推出“明德商法学文库”。纳入本文库的图书主要涉及以下几类：

第一，我国商法领域的主题研究专著。选取当前我国商法理论和商事实践中亟待解决的重点疑难问题，结合最新的比较法资料和实务发展，展开深入的理论研究。本文库将推出的《期货期权市场法律制度研究》《股权变动论》《证券交易制度比较研究》《保险格式条款的法律规制》《个人破产制度比较研究》《动产担保登记制度研究》《金融担保创新的法律规制》《应收账款融资的法律构造》等，既有我们承接的各级项目的结题报告，也有我们指导的博士论文，以期为我国商法的理论研究做出我们微薄的贡献。

第二，我国商事法的立法建议和报告。结合我国证券法、公司法、外商投资企业法、专业合作社法等法律的修改，以及期货法、典当管理条例、融资租赁管理条例等法律法规的制定，我们将延请相关领域的著名专家学者，就相关制度展开比较研究，举办由立法机关、监管部门、司法机关和国内外学者参加的专题研讨会进行研讨。本文库将推出的《期货法立法报告与专家建议稿》《证券法修改立法报告与专家建议稿》《中国民法典担保法编专家建议稿及立法理由》《典当立法调研与比较观察》《融资租赁立法调研与比较观察》等，对我国商事法的制度建设提出我们的政策建议，为相关立法提供具有可操作性的素材。

第三，各国商法最新立法、理论、实务译著。本文库将组成专家委员会遴选各国商法学出版物，引进版权，并组织具有相应理论水准、业务知识和外语水平的专家学者进行翻译。本文库将推出的《美国商法》《美国公司法》《美国证券法》《英国商法》《德国商法》《法国商法》《日本商法》《非洲商法》，既有世界各国的最新商法立法资料，也有在各国享有盛誉的商法学专著和教材，还有各国相关领域创新实践的业务指导书籍，以期对我国商事立法、商法学理论研究和相关业务的拓展提供可资借鉴的材料。

第四，我国商法评注与实务发展专著。以我国现行各商事特别法为研究对象，采取实践立场和规范立场，着眼于规范的解释、发展和体系的形成，本文库将组成编撰小组对各法条的规范意旨与功能、裁判法源、司法案型、规范的体系关联、法律效果和举证责任等进行梳理和研究，陆续推出《中国公司法评注》《中国证券法评注》《中国合伙企业法评注》《中国保险法评注》《中国破产法评注》《中国信托法评注》等。本文库还将选择部分金融创新业务品种，分析其中的交易结构和交易风险，探讨风险控制的不同模式和成本比较，论证创新业务的法理基础和交易实质，阐释其中的诉讼风险及有效的规避手段，推出《金融衍生品新问题与判解研究》《融资租赁法新问题与判解研究》《信托法新问题与判解研究》等。

让我们携起手来，共同推进我国商法学事业的健康发展！

目　录

第一章　人工智能与投资顾问的结合

第一节　智能投顾行业概述

一、智能投顾行业的兴起

人工智能与投资顾问相结合，就产生了智能投顾。作为理财业务率先拥抱金融科技的创新模式，智能投顾体现了普惠金融的基本精神，通过低费率、低门槛的独特优势在金融行业中异军突起，在世界范围内迅速发展。据估计，2020 年美国智能投顾管理的资产达 2.2 万亿美元，中国智能投顾产业规模超过 800 亿美元。[1] 不同国家、地区的智能投顾业务规模差距很大，以 2018 年为例，在全球业务规模最大的 5 个国家中，美国占比超过 70%。[2] 曾有人预测，到 2022 年全球由智能投顾公司管理的

---

〔1〕 See Li Guo, *Regulating Investment Robo-Advisors in China: Problems and Prospects*, 21 European Business Organization Law Review 69, 71 (2020).

〔2〕 参见陈娟、熊伟：《智能投顾的业务属性和准入监管研究》，载《金融监管研究》2019 年第 4 期。

资产总额将达到4.6万亿美元,[1]到2025年将达到5万亿~7万亿美元,[2]更有预测将达到惊人的16万亿美元。[3] 就中国市场而言,预计到2022年,智能投顾管理的资产总额将超过6600亿美元,用户数量超过1亿个。[4]

在过去这些年里,智能投顾的可用性和普及度都在增长。智能投顾使个人投资者能够通过门户网站或移动应用程序创建和管理他们的投资账户,此种程序在运行过程中很少或几乎没有人工介入,潜在的好处是成本比传统的投资顾问服务更低。[5] 智能投顾的主要目标就是提高投资顾问服务的经济性和扩展性。从商业的角度来看,金融机构通过智能工具提供建议的成本更低,因为这些工具需要雇用更少的人。此外,提供智能投顾服务的金融机构能够接触更广泛的客户,因为这些客户倾向于选择使用在线渠道,而非面对面的交流,或者是因为他们的投资组合相对较小。这种类型的服务还可以帮助金融机构提供更标准化的用户体验,以满足客户不断增长和发展的需求。从投资者的角度来看,智能投顾以更低的成本和更

---

〔1〕 See Sophia Duffy & Steve Parrish, *You Say Fiduciary, I Say Binary: A Review and Recommendation of Robo-Advisors and the Fiduciary and Best Interest Standards*, 17 Hastings Business Law Journal 3, 4 (2021).

〔2〕 See Benjamin P. Edwards, *The Rise of Automated Investment Advice: Can Robo-Advisers Rescue the Retail Market*, 93 Chicago-Kent Law Review 97, 107 (2018).

〔3〕 See Ihsan Ibrahim Daldaban, *RegTech and SupTech for Robo-Advisers: Alternative Regulatory Methods for Enhancing Compliance*, 19 Asper Review of International Business and Trade Law 59, 69 (2019).

〔4〕 参见王倩、徐亚钊:《智能投顾是否智能?》,载《金融市场研究》2019年第10期。但也有学者经过调研发现趋势可能正在发生变化。前几年较为热门的19家智能投顾平台,截至2019年7月,还继续以智能理财业务为名进行营业的仅剩10家,近半数的平台或转型或退出市场。参见侯东德:《智能理财行业风险的法律应对》,载《政法论丛》2020年第1期。笔者认为,此种现象的出现与我国有关智能投顾的制度建设不完善有关,但社会层面对智能投顾服务仍然有很大的需求。

〔5〕 See SEC, *Investor Bulletin: Robo-Advisers* (2017), https://www.sec.gov/oiea/investor-alerts-bulletins/ib_robo-advisers.html.

小的规模提供了以现代投资组合理论[1]为基础的投资途径,投资者也从更为标准化的移动用户体验中受益。[2]

我国也在积极拥抱此次金融科技创新浪潮,国务院在《新一代人工智能发展规划》中明确指出,要推动人工智能与金融等行业融合创新,创新智能金融产品和服务,发展金融新业态。而智能投顾作为一种基于自动化数字投资顾问程序的金融服务业态,[3]不仅是当今世界金融科技发展的重要方向之一,更是人工智能与金融业相结合的典范。它通过在线提供基于人工智能的投资顾问服务,具有低成本、低门槛的优势,较好地解决了大量个人投资者的理财需求与人类投资顾问数量有限之间的矛盾。智能投顾不仅可以基于算法为个人投资者提供个性化的投资组合方案建议,还可以提供交易代执行和自动化账户管理服务,体现了人工智能技术对普惠金融和经济社会发展的推动作用。此种创新的理财服务解决方案最早产生于美国,并逐渐在世界主要国家成为一种潮流。在我国,智能投顾尚处于起步阶段,虽然国内以"智能投顾"为名的理财服务平台不断涌现,但相关服务的经营业态和法律规则等都与发展智能投顾的真正需求相去甚远。

---

〔1〕 现代投资组合理论(Modern Portfolio Theory),最初由诺贝尔经济学奖获得者马科维茨提出。该理论的核心是"分散风险",即基于一系列假设,通过均值-方差分析方法和投资组合有效边界模型,来对各种不同的风险和收益的证券进行资产配置和组合管理。具体来说,假设投资者厌恶风险,均值-方差法得到可行投资组合集和投资组合有效边界模型,再结合投资者的期望收益率和风险厌恶程度,在有效边界里选择最优组合方案,投资者根据这个组合方案决定是否投资。这些有效模型的获得是通过一系列公式计算得出,计算机的计算能力优于人脑计算能力,所以计算机基于算法提供的组合模型往往更有效。资产配置和组合管理的对象是股票、债权等证券的比例、种类和数量,而这类组合在法律上的定位就是基金,所以,智能投顾的主要投资对象之一是基金。除了基于算法确定投资组合,智能投顾的另一原理就是投资策略,投资策略分为主动投资策略和被动投资策略。主动投资的业绩主要取决于投资者掌握信息的广度和深度,难以数据化计算,所以,较少成为智能投顾中的策略。参见李晴:《互联网证券智能化方向:智能投顾的法律关系、风险与监管》,载《上海金融》2016 年第 11 期。

〔2〕 See IOSCO, *IOSCO Research Report on Financial Technologies* (*Fintech*) 30 (2017), http://www.iosco.org/library/pubdocs/pdf/IOSCOPD554.pdf.

〔3〕 See SEC, *Investor Bulletin*: *Robo-Advisers* (2017), https://www.sec.gov/oiea/investor-alerts-bulletins/ib_robo-advisers.html.

为避免其重蹈过去网络借贷、股权众筹等互联网金融创新规范缺失、野蛮生长的覆辙,必须实现智能投顾的规范化发展。因此,有必要明确智能投顾经营模式的正确发展方向,以及落实通过信义义务规制智能投顾的规则体系。

二、智能投顾行业的特点

总体而言,智能投顾公司提供了门槛更低也更为便捷的投资顾问服务,因而受到了广泛的欢迎和关注。与传统投资顾问相比,智能投顾的行业特点主要体现在以下四个方面。

第一,在人力规模方面,典型的智能投顾公司规模小,员工精简,通常只专注于一种服务。例如,著名的智能投顾公司 Betterment 只有不到 200 名员工,而且只专注于投资咨询业务,避开了其他创收手段。不包括文员在内,以员工数量计算,先锋领航(Vanguard)是规模最大的智能投顾公司,拥有 878 名员工。相比之下,传统咨询公司中规模最大的美林(Merrill Lynch)拥有逾 4 万名员工。前五大传统咨询公司都有超过 2 万名员工。[1] 这是因为,对传统的人类投资顾问行业而言,每位投资顾问所能服务的客户数量是有限的,因此员工数量决定了其业务规模的大小。而智能投顾通过对人工智能的使用替代了传统人类投资顾问所提供的服务,因此,其业务规模的扩张通常并不需要伴随员工数量和人力资源成本的大幅增长。

第二,在投资产品范围方面,智能投顾主要依赖被动指数和多样化策略,并利用跟踪市场宽基指数的 ETF。即使是最成熟的智能投顾,根据投资者的具体信息提供完全个性化的建议,通常也会为投资者提供比传统投

---

〔1〕 See Andrea L. Seidt, Noula Zaharis & Charles Jarrett, *Paying Attention to That Man behind the Curtain: State Securities Regulators' Early Conversations with Robo-Advisers*, 50 University of Toledo Law Review 501, 505 (2019).

资顾问更狭窄的投资选择范围，且将选择限于低成本的 ETF 等基金产品。[1] 因此，智能投顾的产品费用也相对更低。但是，这也体现出智能投顾在产品配置上存在自己原创力低下的问题，大多数智能投顾给出的投资方案中所配置的产品基本是市场上已经存在的由其他机构推出的复合型产品，平台自身几乎没有对原始的基础投资产品投资价值及资产组合的研发能力，因此只能对市场已有产品进行组合。[2] 而如果市场本身能够提供的 ETF 的种类和数量有限，那么，智能投顾的投资标的选择范围就会比较窄，不利于实现投资组合与客户个性化的需求相匹配。[3]

第三，在费用与账户最低限额方面，智能投顾具有很大的优势。几乎所有观察者都认为，智能投顾在使用成本方面更为友好。[4] 更低的产品费用使智能投顾成为一个负担得起的选择。如果仅仅提供数字化服务，费用有可能为 0，而更传统一些的投资组合模型的费用在 0.25% ~0.9%，以获得更全面或更高级的服务。智能投顾公司会根据所提供的服务水平提高费用。而越来越受欢迎的结合数字和人类建议的混合模式通常会收取更高的费用，这种结合有时被称为“仿生”咨询（“bionic” advice）。[5] 虽然这种混合服务的费用比纯数字化服务的费用要高，但仍然比传统的人力投资顾问费用低（通常为其一半）。低费用对投资者来说是好事，但对智能投顾

---

〔1〕 See Andrea L. Seidt, Noula Zaharis & Charles Jarrett, *Paying Attention to That Man behind the Curtain: State Securities Regulators' Early Conversations with Robo-Advisers*, 50 University of Toledo Law Review 501, 505 – 506 (2019).

〔2〕 参见李经纬：《构建中国智能投资顾问领先模式——基于市场需求与全球实践》，载《中央财经大学报》2020 年第 6 期。

〔3〕 参见柳玲：《智能投顾的发展路径和合规思考》，载洪艳蓉主编：《金融法苑》第 97 辑，中国金融出版社 2018 年版，第 58 页；刘彬：《智能投顾的发展之本与困难之源》，载《中国银行》2018 年第 2 期。

〔4〕 参见姜海燕、吴长凤：《智能投顾的发展现状及监管建议》，载《证券市场导报》2016 年第 12 期；侯东德：《智能理财行业风险的法律应对》，载《政法论丛》2020 年第 1 期；丁国民、连浩琼：《智能投顾监管风险的因应对策》，载《北京邮电大学学报（社会科学版）》2020 年第 4 期。

〔5〕 See SEC, *Investor Bulletin: Robo-Advisers* (2017), https://www.sec.gov/oiea/investor-alerts-bulletins/ib_robo-advisers.html.

创业公司来说却是个挑战。并不是所有智能投顾公司都能靠微薄的利润存活下来,因此,智能投顾公司商业模式的可持续性非常关键。在账户最低限额方面,许多智能投顾公司最初进入这个市场就是因为传统的投资顾问往往有较高的账户最低限额,这使初级投资者更难获得相关服务。智能投顾收取的费用更低,而且通常比传统金融机构允许更低的最低投资账户金额,因而智能投顾会更加吸引较为年轻的投资者,因为他们在传统投资管理方面的选择可能比较少。[1] 例如,Betterment 公司的智能投顾服务没有最低账户资产的限制,同样是该公司的更高级别的人力投资顾问服务则要求具备超过 50 万美元的账户资产,而先锋领航也要求至少 5 万美元的账户资产。[2]

第四,在便利性和投资理性方面,智能投顾也有优势。智能投顾服务模式的便利性吸引了许多投资者,他们可以每天 24 小时在线访问自动投资组合,这就是智能投顾如此成功,且市场份额稳步增长的原因。虽然智能投顾在年轻人中很受欢迎,但行业数据显示,智能投顾对所有年龄段的人都有吸引力。Betterment 表示,其客户的"平均年龄在 35 岁左右,处于千禧一代的顶端,但我们的业务中有 30% 的客户年龄在 50 岁以上"。可见无论年龄大小,大多数早期的智能投顾客户都喜欢这种不带个人感情的投资方式。Wealthfront 的发言人凯特·沃克在谈到他们的客户时也表示:"他们总是跟我们说,'我们付钱给你,就是让你不和我们说话'。"[3] 人性中的贪婪和恐惧,是大多数人投资失败的根源。而智能投顾能够较少地受到管

[1] See IOSCO, *IOSCO Research Report on Financial Technologies* (*Fintech*) 69 (2017), http://www.iosco.org/library/pubdocs/pdf/IOSCOPD554.pdf.

[2] See Caelainn Carney, *Robo-Advisers and the Suitability Requirement*: *How They Fit in the Regulatory Framework*, 2018 Columbia Business Law Review 586, 596 (2018).

[3] See Andrea L. Seidt, Noula Zaharis & Charles Jarrett, *Paying Attention to That Man behind the Curtain*: *State Securities Regulators' Early Conversations with Robo-Advisers*, 50 University of Toledo Law Review 501 (2019), p. 505, 509, 510.

理者本身的情绪影响，从而实现更为理性的投资，以及避免“羊群效应”。[1]

三、智能投顾的优势与潜在风险

（一）智能投顾的优势

智能投顾的优势主要体现在两个方面，既包括能够给客户带来的好处，也包括能够给金融机构带来的好处。[2]

就智能投顾能够给客户带来的好处而言，主要体现在费用、获取服务的渠道、服务质量等方面：第一，当通过智能投顾获得咨询服务时，客户可以花更少的钱；第二，通过智能投顾，更多人可以获得咨询服务；第三，通过使用智能投顾，客户可以接触更广泛的服务提供者；第四，客户能够以更快、更简单、更省时的方式获得财务咨询；第五，在使用智能投顾时，客户会得到更加一致的建议；第六，在使用智能投顾时，客户能够获得基于最新市场信息的建议；第七，在使用智能投顾时，客户能够轻松地接收和保存他们在线金融交易的详细信息。

就智能投顾能够给金融机构带来的好处而言，主要体现在成本、潜在客户规模、服务质量等方面：第一，智能投顾使金融机构能够以更低的成本提供金融咨询服务；第二，金融机构通过智能投顾提供咨询，就能接触到更广泛的客户；第三，金融机构通过智能投顾可以提供更为标准化的客户体验；第四，因为智能投顾的可审查性更强，在需要时可以更容易地复查金融机构提供的建议。

（二）智能投顾的潜在风险

智能投顾的潜在风险也包括对客户的潜在风险和对金融机构的潜在

---

〔1〕 参见姜海燕、吴长凤：《智能投顾的发展现状及监管建议》，载《证券市场导报》2016 年第 12 期；侯东德：《智能理财行业风险的法律应对》，载《政法论丛》2020 年第 1 期。

〔2〕 See ESAs, *Joint Committee Discussion Paper on Automation in Financial Advice* 16 – 20 (2015), http://www.eba.europa.eu/documents/10180/1299866/JC + 2015 + 080 + Discussion + Paper + on + automation + in + financial + advice.pdf.

风险两方面。[1]

就智能投顾对客户的潜在风险而言,主要体现在客户接触信息有限和处理信息的能力有限,智能投顾功能的缺陷,对智能投顾的广泛使用等方面。第一,由于缺乏信息,客户可能做出不适当的决定,并减少弥补缺憾或寻求澄清的机会;第二,由于客户不清楚他们输入的信息是如何被智能投顾使用的,所以他们可能得到不适当的建议;第三,由于客户没有意识到自己对智能投顾的认识不全面,他们可能得到不适当的建议;第四,对于智能投顾的建议的定制化程度,客户只具备有限或不清晰的信息;第五,由于咨询过程的碎片化特性,客户可能不知道是谁在提供咨询;第六,客户在智能投顾中输入的个人数据的使用方式可能是他们在提供数据时没有想到的;第七,由于智能投顾的限制或假设,客户可能做出不适当的决定;第八,由于智能投顾出现技术错误,客户可能做出不适当的决定;第九,客户可能因为他们使用的智能投顾被黑客攻击和底层算法被操纵而受到损害;第十,由于智能投顾能够让客户快速经历整个决策过程,可能让客户做出不适当的决定;第十一,当智能投顾不能实现端到端的进程时,客户缺乏按照其给出的建议行事的动机;第十二,由于智能投顾基于相似的算法,导致许多客户对相同类型的产品或服务采取相同的行动,客户可能因此而受损;第十三,客户可能不再有机会获得任何人类金融咨询。

就智能投顾对金融机构的潜在风险而言,主要体现在智能投顾的功能、责任分配等方面。第一,由于智能投顾发生错误,金融机构可能面临诉讼和随后的声誉风险;第二,如果智能投顾的提供者也向客户提供与人类顾问沟通的可能性,作为获取咨询服务的另一种方式,客户可能过度使用该替代方式;第三,由于责任分配不明确,可能引起法律纠纷。

---

〔1〕 See ESAs, *Joint Committee Discussion Paper on Automation in Financial Advice* 21 – 29 (2015), http://www.eba.europa.eu/documents/10180/1299866/JC + 2015 + 080 + Discussion + Paper + on + automation + in + financial + advice.pdf.

第二节 智能投顾的概念及性质

一、对智能投顾及类似金融工具概念的考察

在世界范围内,不少国际组织、国家或地区的监管机构针对智能投顾或与其类似的金融工具概念进行了界定,从中我们可以看出各种概念的内涵及其相互关系。

(一)国际证监会组织

2014 年,国际证监会组织(International Organization of Securities Commissions,IOSCO)发布了《关于社交媒体与咨询工具自动化的调查报告》。在该调查报告中,国际证监会组织的市场中介机构监管委员会对自动化咨询工具(automated advice tools)在世界范围内的 36 家市场中介机构的使用情况进行了调查研究,公布了当时在世界范围内对自动化咨询工具的使用情况。该报告发现,10 多年来,市场中介机构一直在使用一些形式的自动化工具提供咨询服务。其中,一些机构使用自动化工具来支持他们向客户提供的个人建议,而另一些机构则更进一步,通过使用自动化工具向投资者差异化地提供关于证券的特殊咨询建议。[1] 当时,大部分机构没有通过自动化工具提供自动交易执行功能。当然,一些机构表示,他们会对手动执行那些自动化工具提出建议。而一些机构则表示,他们确实通过自动化工具提供了交易执行能力。根据当时的调查结果,只有 9 家机构提供投资组合再平衡或资产配置监控服务,这些机构通常会根据特定金融工具的风险和客户的投资策略来再平衡客户的投资组合。具体而言,他们会在客户的要求之下,周期性地对模拟投资组合风险水平和客户画像进行检

〔1〕 See IOSCO, *Report on the IOSCO Social Media and Automation of Advice Tools Surveys* 4, 7 (2014), https://www.iosco.org/library/pubdocs/pdf/IOSCOPD445.pdf.

视,当模拟投资组合发生变化时,他们会对客户的投资组合进行再平衡。[1] 有1家机构提供的自动化工具甚至可以帮助客户管理股票投票权的行使,从而使其能够做出适当的投票决定。[2] 在投资标的方面,大多数自动化工具提出的资产配置建议涉及集合投资计划/共同基金、股票、ETF、固定收益产品等,少数自动化工具会推荐更为复杂的产品,如认股权证和期货。[3] 此外,所有使用自动化工具来提供咨询服务的机构均表示,他们在通过自动化工具就某种特定产品给出可投资的建议时,不会收取任何报酬(现金或非现金)。[4]

2016年,国际证监会组织发布了《自动化咨询工具调查报告的更新:最终报告》,这是对前述2014年报告的更新。该报告从行业的持续增长、相关指标、标的产品、定义澄清、服务范围、镜像交易(mirror trading)中的不当建议、监管升级、网络安全、第三方工具、金融科技的运用等方面,对自动化咨询工具市场和监管的新发展和新情况进行了调查研究。[5] 并且该报告特别指出,技术工具很可能会影响投资顾问价值链的大部分元素(如果不是全部),包括客户画像、资产配置、投资组合选择、交易执行、投资组合再平衡、税金损失收割和投资组合分析等。[6]

2017年,国际证监会组织发布了《金融科技研究报告》,对多种金融科技产品或平台进行了研究。根据该报告,智能投顾(robo-adviser)是主要为

---

[1] See IOSCO, *Report on the IOSCO Social Media and Automation of Advice Tools Surveys* 15–16 (2014), https://www.iosco.org/library/pubdocs/pdf/IOSCOPD445.pdf.

[2] See IOSCO, *Report on the IOSCO Social Media and Automation of Advice Tools Surveys* 13 (2014), https://www.iosco.org/library/pubdocs/pdf/IOSCOPD445.pdf.

[3] See IOSCO, *Report on the IOSCO Social Media and Automation of Advice Tools Surveys* 14 (2014), https://www.iosco.org/library/pubdocs/pdf/IOSCOPD445.pdf.

[4] See IOSCO, *Report on the IOSCO Social Media and Automation of Advice Tools Surveys* 15 (2014), https://www.iosco.org/library/pubdocs/pdf/IOSCOPD445.pdf.

[5] See IOSCO, *Update to the Report on the IOSCO Automated Advice Tools Survey: Final Report* 3–21 (2016), http://www.iosco.org/library/pubdocs/pdf/IOSCOPD552.pdf.

[6] See IOSCO, *Update to the Report on the IOSCO Automated Advice Tools Survey: Final Report* 19 (2016), http://www.iosco.org/library/pubdocs/pdf/IOSCOPD552.pdf.

投资者提供自动化的投资组合管理咨询、策略和服务的平台。为了使用这些服务，新投资者必须完成一次建档，帮助平台确定他们的风险偏好和/或投资目标，然后为投资者建立一个投资组合。智能投顾利用算法来构建、管理和再平衡投资组合。通常使用预先确定和搭配的ETF建立低成本的，为投资者的目标量身定制具有多样性和流动性的投资组合。这些公司使用的报偿模式包括：根据管理资产的比例按年收取费用，或者对服务收取固定费用。由于这些平台提供证券交易和/或投资建议，他们通常需要注册或牌照。[1]

（二）欧洲监管机构联合委员会

2015年，欧洲银行业管理局（European Banking Authority，EBA）、欧洲证券和市场管理局（European Securities and Markets Authority，ESMA）、欧洲保险和企业年金管理局（European Insurance and Occupational Pensions Authority，EIOPA）组成的欧洲监管机构联合委员会（European Supervisory Authorities，ESAs）发布了《关于金融咨询自动化的讨论文件》。在该文件中，他们注意到，在银行、保险和证券部门都出现了持续增长的金融咨询自动化（automation in financial advice）现象，即客户可以通过各种方式使用自动化工具（通常是网站）来获得金融咨询（如买入或卖出金融产品的建议），而不需要或仅需非常有限的人工干预。当然，这种金融咨询自动化的发展程度在各金融部门和各欧盟成员国之间是不一致的。[2] 其中，在证券部门，金融咨询自动化是一种更为成熟的现象，尽管完全自动化的咨询服务似乎只有少数几个欧盟成员国才有。在这种商业模式中，自动化工具被用作一种金融顾问，通常被称为智能投顾：自动化工具会询问潜在投资者

---

〔1〕 See IOSCO, *IOSCO Research Report on Financial Technologies (Fintech)* 25 (2017), http://www.iosco.org/library/pubdocs/pdf/IOSCOPD554.pdf.

〔2〕 See ESAs, *Joint Committee Discussion Paper on Automation in Financial Advice* 4 (2015), http://www.eba.europa.eu/documents/10180/1299866/JC+2015+080+Discussion+Paper+on+automation+in+financial+advice.pdf.

的具体情况,并根据他们提供的答案,使用某种算法来推荐符合客户情况的金融工具交易。[1] 因此,根据欧洲监管机构联合委员会的文件,在证券部门为实现金融咨询自动化而使用的自动化工具即为通常所说的智能投顾。

(三)美国

20 世纪 90 年代末,美国投资者可以直接使用的投资工具开始增多,一些公司开始在网上提供资产配置工具。此种业务在 2005 年得到了进一步发展,全美证券交易商协会(National Association of Securities Dealers, NASD)的解释文件《对使用投资分析工具的要求》(IM－2210－6)生效后,经纪交易商被允许向投资者提供投资分析工具。而根据美国金融业监管局(the Financial Industry Regulatory Authority,FINRA)的 2214 规则,投资分析工具(investment analysis tools)被定义为"一种交互式技术工具,在进行特定投资或采取特定投资策略或风格时,可以进行模拟和统计分析,以展示在做出某些投资或采取某些投资策略或风格时各种投资结果的可能性"。

2015 年,美国证券交易委员会(United States Securities and Exchange Commission,SEC)的投资者教育和宣传办公室(Office of Investor Education and Advocacy,OIEA)和金融业监管局联合发布了《投资者警示:自动化投资工具》的警示公告,向投资者提供了关于自动化投资工具(automated investment tools)的总体概述和风险提示。根据该公告,自动化投资工具所涵盖的范围包括从个人理财规划工具(如在线计算器)到投资组合选择或资产优化服务[如提供如何配置 401(k)或经纪账户的建议的服务],再到

---

[1] See ESAs, *Joint Committee Discussion Paper on Automation in Financial Advice* 6－7 (2015), http://www.eba.europa.eu/documents/10180/1299866/JC＋2015＋080＋Discussion＋Paper＋on＋automation＋in＋financial＋advice.pdf.

在线投资管理程序(如选择和管理投资组合的智能投顾)。[1] 可见,根据该公告,自动化投资工具是智能投顾的上位概念,智能投顾属于自动化投资工具中的一种。

2016 年,美国金融业监管局发布了《关于数字化投资咨询的报告》。根据该报告,数字化投资咨询工具(digital investment advice tools)也被称为数字化咨询工具(digital advice tools),是指在管理投资者的投资组合中支持包括客户画像(customer profiling)、资产配置、投资组合选择、交易执行、投资组合再平衡、税金损失收割(tax-loss harvesting)[2]和投资组合分析在内的一个或多个核心活动的投资咨询工具。这些投资咨询工具可以被区分为两类:一种是金融专业人士使用的工具,即"面向金融专业人士的"工具;另一种是客户使用的工具,即"面向客户的"工具。上述前六项活动,即客户画像、资产配置、投资组合选择、交易执行、投资组合再平衡、税金损失收割,一般是面向金融专业人士的工具和面向客户的工具所共通的功能。第七项活动,即投资组合分析,一般是面向金融专业人士的工具所独有的功能。而包含前六项活动(从客户画像到税金损失收割)的面向客户的工具,通常就被称为智能投顾。[3] 该报告从数字化投资咨询工具这一智能投顾的上位概念入手,通过对相关工具的要素分解,以及基于面向不同用户的分类,让我们得以从各种角度对智能投顾的概念乃至业务形态有了更加深入的认识。

---

[1] See SEC & FINRA, *Investor Alert: Automated Investment Tools* (2015), https://www.sec.gov/oiea/investor-alerts-bulletins/autolistingtoolshtm.html.

[2] 税金损失收割,即通过出售一种或多种可能产生税金损失的证券来抵消资本利得,是一种降低资本利得税风险的方法。通常,被出售的证券会被提供类似市场敞口的证券所取代。税金损失收割的价值取决于客户在特定年份的具体税务状况。See FINRA, *Report on Digital Investment Advice* 17 (2016), http://www.finra.org/sites/default/files/digital-investment-advice-report.pdf; SEC, *Investor Bulletin: Robo-Advisers* (2017), https://www.sec.gov/oiea/investor-alerts-bulletins/ib_robo-advisers.html.

[3] See FINRA, *Report on Digital Investment Advice* 2 (2016), http://www.finra.org/sites/default/files/digital-investment-advice-report.pdf.

2017 年 2 月,美国证券交易委员会发布了《升级版指引:智能投顾》。该监管指引指出,智能投顾是典型的注册投资顾问(registered investment advisers),他们运用创新技术,通过在线算法程序为客户提供全权委托的资产管理服务。希望利用智能投顾的客户需要将个人信息和其他数据输入一个交互式的数字平台(如网站或移动应用程序)。基于这些信息,智能投顾为客户生成一个投资组合,并为客户提供后续的账户管理服务。[1]

2017 年 3 月,美国证券交易委员会发布了《投资者公告:智能投顾》。该公告指出,"智能投顾"一词一般是指自动化数字投资顾问程序(automated digital investment advisory program)。在大多数情况下,智能投顾会通过让客户完成一份在线问卷来收集他的财务目标、投资范围、收入和其他资产,以及风险承受能力等信息,并基于这些信息为客户创建和管理一个投资组合。与传统的投资顾问服务相比,智能投顾通常会以更低的成本和费用提供投资建议。在某些情况下,智能投顾要求的账户最低限额也比传统投资顾问更低。[2]

(四)加拿大

2015 年,加拿大证券管理局(Canadian Securities Administrators,CSA)发布了《关于在线咨询的投资组合管理人指引》。该指引指出,近年来,一些加拿大投资组合管理人(portfolio managers)[3]开始作为"在线顾问"(online advisers)运营。他们包括新注册的以及已经注册的投资组合管理人,通过在线平台提供咨询服务,从而改变了其运营模式。这些公司通过一个交互式网站,以较低的成本向散户投资者提供全权委托的投资管

〔1〕 See SEC, *Guidance Update*: *Robo-Advisers* 1 (2017), https://www.sec.gov/files/2017-03/im-guidance-2017-02.pdf.

〔2〕 See SEC, *Investor Bulletin*: *Robo-Advisers* (2017), https://www.sec.gov/oiea/investor-alerts-bulletins/ib_robo-advisers.html.

〔3〕 包括注册投资组合管理人(registered portfolio managers)和限制投资组合管理人(restricted portfolio managers)。

理服务。[1] 根据该指引,在加拿大商业实践中认可开展的在线顾问业务并非在美国运作的那种“智能投顾”。美国的智能投顾在向客户提供服务的过程中很少或没有人工参与。而相比之下,加拿大的在线顾问是利用在线平台来提供混合服务,以提高效率。在其服务过程中,注册咨询代表(advising representatives)仍然积极参与决策。[2] 这些平台会使用电子问卷来满足“了解你的客户”(know-your-client,KYC)的要求,咨询代表负责确定是否已收集到足够的 KYC 信息,以支持对客户的投资进行适当性的判断。智能投顾管理的客户账户一般投资于相对简单的产品,包括非杠杆的 ETF、低成本共同基金或其他可赎回投资基金、现金及现金等价物。通常,模拟投资组合是使用算法软件创建的,但每笔客户投资的适当性仍然由咨询代表负责。[3]

(五)澳大利亚

2016 年,澳大利亚证券与投资委员会(Australian Securities & Investments Commission,ASIC)发布了《监管指引 255:向零售客户提供数字化金融产品咨询》。根据该指引,数字化咨询(digital advice),亦称为智能咨询(robo-advice)或自动化咨询(automated advice),是指使用算法和技术提供自动化的金融产品咨询,而不需要人类顾问的直接参与。它可以涵盖一般的建议或个性化的建议,从范围较窄的建议(如关于投资组合的建

---

〔1〕 See CSA, *CSA Staff Notice 31 – 342 – Guidance for Portfolio Managers Regarding Online Advice* 8197 (2015), https://www.osc.gov.on.ca/documents/en/Securities-Category3/csa_20150924_31 – 342_portfolio-managers-online-advice.pdf.

〔2〕 See CSA, *CSA Staff Notice 31 – 342 – Guidance for Portfolio Managers Regarding Online Advice* 8198 (2015), https://www.osc.gov.on.ca/documents/en/Securities-Category3/csa_20150924_31 – 342_portfolio-managers-online-advice.pdf.

〔3〕 See CSA, *CSA Staff Notice 31 – 342 – Guidance for Portfolio Managers Regarding Online Advice* 8197 (2015), https://www.osc.gov.on.ca/documents/en/Securities-Category3/csa_20150924_31 – 342_portfolio-managers-online-advice.pdf.

议)到一个全面的财务计划。[1]

(六)新加坡

2018年,新加坡金融管理局(Monetary Authority of Singapore,MAS)发布了《关于提供数字化顾问服务的指引》。根据该指引,数字化顾问(digital adviser)又称为智能投顾,是指提供数字化顾问服务的人。而数字化顾问服务(digital advisory services),是指在顾问过程中,使用面向客户且基于算法的自动化工具,提供关于投资产品的咨询,只有很少或没有与人类顾问的互动。[2]

(七)中国香港特别行政区

2019年,中国香港特别行政区证券及期货事务监察委员会发布了《网上分销及投资咨询平台指引》。根据该指引,机械理财建议(有时称作智能理财建议或自动化理财建议)是指运用算法程序及其他技术工具,在网上环境提供理财建议。该指引在一般情况下适用于在网上环境下借由客户直接使用技术工具("客户接洽工具")向客户直接提供的机械理财建议服务。通过客户接洽工具提供有关机械理财建议的持牌人或注册人则被称为"机械理财顾问"。[3]

二、我国对智能投顾业务性质的认识发展

在中国内地的官方文件中,迄今尚未见到对智能投顾概念的直接定义。相关文件或监管实践主要侧重于对其业务性质的归属进行判断,以解决其合规和监管问题。

---

〔1〕 See ASIC, *Regulatory Guide 255: Providing Digital Financial Product Advice to Retail Clients* 4 (2016), http://download.asic.gov.au/media/3994496/rg255-published-30-august-2016.pdf.

〔2〕 See MAS, *Guidelines on Provision of Digital Advisory Services* 3, 5 (2018), https://www.mas.gov.sg/-/media/MAS/Regulations-and-Financial-Stability/Regulations-Guidance-and-Licensing/Securities-Futures-and-Fund-Management/Guidelines-on-Provision-of-Digital-Advisory-Services--CMGG02.pdf.

〔3〕 参见中国香港特别行政区《网上分销及投资咨询平台指引》第4.1条。

(一)对"荐股软件"的讨论

2007~2012年,我国市场上出现大量没有金融牌照的科技公司开发和销售荐股软件。在早期的市场实践中,此种荐股软件部分提供给专业人士作为分析工具使用,另一部分则直接销售给消费者使用,一般以缴纳年费的形式购买。荐股软件一开始就以推荐产品和导流投资者为目的,而不是提供个性化的顾问服务。因此,当时对荐股软件更多的是作为产品和工具来规制,而非"顾问"。[1] 但事实上,荐股软件的功能与证券投资咨询类似。而且,其依靠推荐产品和导流投资者的盈利模式,与现实中证券投资咨询机构因为无法通过咨询服务本身盈利后的异化模式也类似。在某种程度上,运用算法程序来提供推荐股票服务的荐股软件,与提供投资建议的智能投顾有一定的相似之处。

一般认为,在针对智能投顾的专门监管规定出台以前,与之最近似的是2013年中国证监会发布的《关于加强对利用"荐股软件"从事证券投资咨询业务监管的暂行规定》。其第2条规定:"向投资者销售或者提供'荐股软件',并直接或者间接获取经济利益的,属于从事证券投资咨询业务,应当经中国证监会许可,取得证券投资咨询业务资格。未取得证券投资咨询业务资格,任何机构和个人不得利用'荐股软件'从事证券投资咨询业务。"该规定的进步之处就在于明确了荐股软件所提供的服务属于证券投资咨询业务。因而从该条规定的内容来看,如果将智能投顾视为"荐股软件",那么经营智能投顾就属于从事证券投资咨询业务,并且需要取得证券投资咨询业务资格。不过,由于"荐股软件"并不能接受客户的全权委托,进而提供交易代执行或调仓等全权委托投资服务,因此最多只能对应仅提供投资建议的智能投顾。

此外,"荐股软件"不一定使用人工智能和算法来给出投资建议。该规

[1] 参见高丝敏:《智能投资顾问模式中的主体识别和义务设定》,载《法学研究》2018年第5期。

定第 1 条对"荐股软件"进行了界定:"本规定所称'荐股软件',是指具备下列一项或多项证券投资咨询服务功能的软件产品、软件工具或者终端设备:(一)提供涉及具体证券投资品种的投资分析意见,或者预测具体证券投资品种的价格走势;(二)提供具体证券投资品种选择建议;(三)提供具体证券投资品种的买卖时机建议;(四)提供其他证券投资分析、预测或者建议。具备证券信息汇总或者证券投资品种历史数据统计功能,但不具备上述第(一)项至第(四)项所列功能的软件产品、软件工具或者终端设备,不属于'荐股软件'。"根据该条对"荐股软件"的界定,如果通过人力分析得出投资建议,并通过软件传递给客户的,也属于"荐股软件"的范畴。而智能投顾或其他类似概念中的投资建议,均以运用人工智能算法和自动化运行为要素。

(二)相关监管实践与风险警示

自从智能投顾这种新的金融科技业态被引入我国,各类金融机构、互联网公司、第三方机构等普遍将其视为金融业务的蓝海,提供相关服务的平台不断涌现。然而,很多平台在互联网金融创新的外壳之下,以"智能投顾"为名经营相关金融业务,但并不具备相应的资质和许可。因此,我国各地方证监局在监管实践中,着重对发现的此类情况进行窗口指导和监督,并对投资者进行教育和警示。

最早涉及智能投顾的此类监管行动,是 2016 年 6 月江苏证监局下发的《证券期货经营机构与互联网企业合作开展业务自查整改的通知》。该通知强调,提供互联网投顾平台的机构有义务对通过其平台开展投资顾问服务人员的资质进行审核;提供投顾平台需取得证监会许可,未经证监会许可开展此类业务属于非法经营证券业务的活动。[1] 该通知虽然并未直接提及智能投顾,但其要求互联网投顾平台开展投资顾问服务需取得证监

---

〔1〕 参见邢会强等:《智能投顾时代的崛起——智能投顾法律问题研究》,中国金融出版社 2020 年版,第 274 页。

会许可，显然涵盖了对智能投顾的监管要求，且表明了监管机构不允许此类互联网金融服务游离于监管之外的态度。

2016 年 8 月 1 日，中国证监会网站投资者保护栏目发布了题为《警惕“智能投顾”非法投资咨询陷阱》的投资者教育文章。该文章指出，“智能投顾”是互联网金融领域出现的新名词，其实质是网络虚拟人工智能产品，它基于客户自身的理财需求、资产状况、风险承受能力、风险偏好等因素，运用现代投资组合理论，通过算法搭建数据模型，利用人工智能技术和网络平台提供理财顾问服务。简单而言，智能投顾就是通过人工智能，基于投资组合理论（如 CAPM 模型），来为用户制定投资组合。涉及证券期货的“智能投顾”属于证券投资咨询业务，需要取得经中国证监会许可的“经营证券期货业务许可证”，未经证监会许可擅自开展证券期货“智能投顾”业务属于非法证券期货活动，面临刑事法律风险。[1] 这是官方首次对智能投顾的法律性质进行表态，并将智能投顾定性为证券投资咨询业务，并要求其取得相关的业务牌照。但是，该文章中所指称的智能投顾，似乎只涉及智能投顾的投资建议功能，而未涉及全权委托投资功能，即只是投资建议型智能投顾。当然，由于我国《证券法》等相关法律法规的限制，[2] 当时我国事实上也不存在全权委托型的智能投顾。因此，对于全权委托型智能投顾的业务性质和规范适用，仍然是不明确的。

除以“智以投顾”为名非法从事证券投资咨询业务之外，在我国市场上先前还存在一种智能投顾销售基金模式，该运作模式主要有三类：一是借鉴 Wealthfront、Betterment 等投资于 ETF 组合的公司，如弥财、财鲸等，受限于国内 ETF 的种类及数量，这两家公司均直接给客户匹配国外发达市场的

---

〔1〕 参见陕西证监局：《警惕“智能投顾”非法投资咨询陷阱》，载中国证监会网，http://www.csrc.gov.cn/pub/shanxidong/xxfw/tzzsyd/201608/t20160801_301504.htm。

〔2〕 根据我国《证券法》第 161 条第 1 款、《证券、期货投资咨询管理暂行办法》第 24 条和《证券投资顾问业务暂行规定》第 12 条第 1 款的规定，禁止相关机构和业务人员在投资咨询/投资顾问业务中代理委托人从事证券投资或代客户作出投资决策。

ETF,以达到资本配置的目的;二是以基金作为构建投资组合的标的,实现对客户风险偏好的匹配,代表公司有理财魔方及钱景私人理财;三是以对量化策略、投资名人的股票组合进行跟投,同时兼具论坛性质的在线投资交流平台,在国内投研圈的知名度及认可度较高,代表公司有雪球及金贝塔。其中,理财魔方后来缩小覆盖范围,更专注于对基金产品的覆盖,建立了不同品种(债券、货币等)、不同频次(日度、月度、年度)基金产品的排行榜。现实中,如理财魔方,其交易系统接入了盈米财富基金的购买端口;拿铁理财,除有机器人理财的页面之外,还出现了金融超市的页面。拿铁理财网站信息显示,其基金销售服务由拿铁理财与上海天天基金销售公司联合提供。而上述互联网平台并未取得基金销售业务资格。2017 年 4 月 13 日,中国证监会网站投资者保护栏目发布了题为《智能投顾销售基金涉嫌违规,证监会严查》的投资者警示文章。[1] 该文章强调,未经证监会注册,擅自从事公募证券投资基金销售业务的,证监会将依法对相关机构和人员进行处罚。一旦发现互联网平台未经注册、以智能投顾等名义擅自开展公募证券投资基金销售活动的,将依法予以查处。

可见,在过去的相关监管实践中,针对以"智能投顾"为名的各种互联网平台,监管机构主要以其所从事业务活动的实质(如证券投资咨询、基金销售等)来对其进行规制,并且要求其必须取得相应的业务牌照。但是,对于智能投顾本身,尤其是涵盖全权委托投资功能的智能投顾本身的业务属性,并未予以明确。

(三)"资管意见"中的专门条款

我国 2018 年 4 月 27 日发布的,具有划时代意义的中国人民银行、中国银行保险监督管理委员会、中国证券监督管理委员会、国家外汇管理局《关于规范金融机构资产管理业务的指导意见》(银发〔2018〕106 号,以下简称

---

〔1〕 参见山西证监局:《智能投顾销售基金涉嫌违规,证监会严查》,载中国证监会网,http://www.csrc.gov.cn/shanxi/xxfw/tzzsyd/jczs/201704/t20170413_315054.htm。

“资管意见”)虽然也没有直接定义智能投顾,但是第一次明确了对智能投顾的规制框架。根据该指导意见第23条的规定,仅包含投资建议功能的智能投顾被纳入投资顾问/投资咨询的规制框架,具备投资顾问资质的金融机构和非金融机构都可以开展此项业务;而既包含投资建议功能又包含全权委托投资功能的智能投顾,则被纳入资产管理的规制框架,只有具备资产管理资质的金融机构才能开展此项业务。

第三节　智能投顾的功能类型及运作模式

一、智能投顾的功能类型

根据国际证监会组织的调查报告,基于互联网的自动化投资选择工具包括三个层次:第一层次是最为基础的工具,指金融机构网站上提供的简单财务规划模型;第二层次的工具会提供一系列的证券、投资基金或模拟投资组合的列表,包含低、中、高风险等级,客户可以根据自己的风险偏好进行选择,但这些给出的投资选项并不考虑每个客户的具体情况;第三层次的工具允许金融机构或客户提出投资目标,并输入个性化的投资者信息,如年龄、财务状况和风险承受能力等,并通过模拟运行来评估客户在现有的投资组合的情况下达到其投资目标的可能性。[1] 最初,大多数自动化投资顾问工具所提供的服务主要集中于投资建议和投资组合管理,而不是全面的财务规划。当然,这些工具也可能演变为提供全面财务规划的形态,因为在某些国家已经开始了这样的服务内容。[2]

我国有学者提出,智能投顾的服务从广义上可以分为三个层次:第一

---

〔1〕 See IOSCO, *Report on the IOSCO Social Media and Automation of Advice Tools Surveys* 7－8 (2014), https://www.iosco.org/library/pubdocs/pdf/IOSCOPD445.pdf.

〔2〕 See IOSCO, *Update to the Report on the IOSCO Automated Advice Tools Survey: Final Report* 20 (2016), http://www.iosco.org/library/pubdocs/pdf/IOSCOPD552.pdf.

个层次是最为简单的，通过大量数据分析提供一般意义上的投资建议，不会因人而异；第二个层次，根据服务对象的特征或偏好，给出个性化的投资建议，但不进行交易；第三个层次，是在第二个层次的基础上，为服务对象提供交易服务，包括完全自动交易、人工投资顾问协助交易和自执行交易。通常所理解的智能投顾，一般是提供第二到第三个层次服务的智能投顾。[1] 也有学者根据智能投顾所提供服务的内容与深度的不同，将其分为四种类型：第一类，"信息媒介业务型"智能投顾，其主要业务是根据用户的需求，向用户提供资本市场的各类原始数据和信息；第二类，"通道业务型"智能投顾，其扮演居间人的角色，主要业务是促成用户与持牌金融机构的合作；第三类，"证券投资咨询型"智能投顾，其具备一定的数据处理和分析能力，能够为用户提供个性化的投资建议，但最终的投资决策仍需由用户本人实施；第四类，"证券全权委托型"智能投顾，其不仅为用户提供投资建议，也在用户授权的范围内，直接对用户的账户进行操作、执行各类交易。[2]

笔者认为，对于仅向客户提供资本市场的各类原始数据和信息的"信息媒介业务型"智能投顾而言，由于其所提供的只是一般化的信息，然而只有当智能工具输出的内容超出了一般投资相关信息的范畴，而变成了针对特定客户的建议时，才会在客户与服务提供者之间产生投资顾问的法律关系，因而并不属于真正意义上的智能投顾的范畴。对于在客户与持牌金融机构之间扮演居间人角色的"通道业务型"智能投顾而言，其所从事的实质上并非投资顾问业务，甚至以"智能投顾"为名行推销基金产品之实，事实上有欺诈金融消费者之嫌。而无论是提供一般性的投资建议还是个性化的投资建议，均属于投资建议业务的范畴，与全权委托投资业务相对应，两

---

[1] 参见姜海燕、吴长凤：《智能投顾的发展现状及监管建议》，载《证券市场导报》2016 年第 12 期。

[2] 参见袁淼英：《我国证券智能投顾运营商市场准入制度的构建》，载《西南政法大学学报》2018 年第 3 期。

者应当适用不同的规制框架。

因此，从建立不同规制框架的角度出发，笔者将我国金融服务市场的语境中被称为“智能投顾”的服务，归纳为两种类型。一种是投资建议型智能投顾，即运用人工智能对市场状况和客户个人情况进行分析，根据客户的个人特质和偏好，提供个性化的投资建议，但不代客户执行交易。另一种是全权委托型智能投顾，即在提供第一种类型服务的基础上，同时根据客户的全权委托，为客户提供交易代执行和资产再平衡等服务。但目前在我国，由于人工智能程序的水平较低，且可选择的投资组合标的资产有限，真正能达到上述第一种服务要求的智能投顾公司并不多。而由于我国法律上的既有限制，能够提供第二种服务的智能投顾公司则也是几乎没有。在境外智能投顾资产管理实践中，计算机程序会根据量化模型生成调仓指令并执行，整个过程是一整套智能化和自动化的运行体系。不过在我国，调仓功能的现实做法是，由智能投顾根据量化模型生成的调仓指令进一步判断后，将其推送给相关投资者，若投资者同意该次调仓动作，可自行操作所推送的仓位配置。从境内外对比中可以看出，虽然表面上反映的仅是人工推送和自动成交的差别，但在法律制度上却是全权委托在投资顾问业务中合法性上的差别。[1]

应该说，过去法律上并未给智能投顾提供合理的制度支持，导致很多希望经营智能投顾业务的公司难以找到合适的法律政策出口。此外，还有一些伪智能投顾平台打着金融科技的旗号推荐自己的理财产品。[2] 这些伪智能投顾平台并没有真正运用人工智能，实际就是欺诈金融消费者。如果这些平台不具备基金销售业务资格，甚至还会涉嫌违规销售基金。中国证监会网站投资者保护栏目曾发布题为《智能投顾销售基金涉嫌违规，证

〔1〕 参见刘沛佩：《我国证券市场智能投顾发展的监管思考》，载《证券市场导报》2019 年第 1 期。

〔2〕 参见李晴：《互联网证券智能化方向：智能投顾的法律关系、风险与监管》，载《上海金融》2016 年第 11 期。

监会严查》的投资者警示文章就曾指出,现实中市场上存在一种智能投顾销售基金模式,一些以智能投顾为名的理财公司在从事基金销售活动,但并未取得基金销售业务资格。[1]

二、智能投顾的运作模式

在世界范围内,对智能投顾的典型定义来自美国证券交易委员会针对智能投顾的监管指南。根据该指南,智能投顾是指运用创新技术,通过在线算法程序为客户提供全权委托的资产管理服务的投资工具。具体而言,希望利用智能投顾的客户需要将个人信息和其他数据输入一个交互式的数字平台(如网站或移动应用程序)。基于这些信息,智能投顾为客户生成一个投资组合,并为客户提供后续的账户管理服务。[2] 此外,与智能投顾相关的一个上位概念是数字化投资咨询工具。美国金融业监管局关于数字投资顾问的报告从这一上位概念入手,对有关智能投顾的要素进行了分解。根据该报告,数字化投资咨询工具这一概念是指在管理投资者的投资组合中支持包括客户画像、资产配置、投资组合选择、交易执行、投资组合再平衡、税金损失收割和投资组合分析在内的一个或多个核心活动的投资咨询工具。其中,包含前六项活动(从客户分析到税金损失收割)的面向客户的工具,通常就被称为智能投顾。[3]

通过该报告的界定,我们基本上可以了解智能投顾的构成要素和运作模式。上述七步中,第一步至第六步构成了一个最为完整的智能投顾流程,其中第六步的税金损失收割功能主要是针对美国市场的一项增值服

---

〔1〕 参见山西证监局:《智能投顾销售基金涉嫌违规,证监会严查》,载中国证监会网,http://www.csrc.gov.cn/shanxi/xxfw/tzzsyd/jczs/201704/t20170413_315054.htm。

〔2〕 See SEC, *Guidance Update: Robo-Advisers* 1 (2017), https://www.sec.gov/files/2017-03/im-guidance-2017-02.pdf.

〔3〕 See FINRA, *Report on Digital Investment Advice* 2 (2016), http://www.finra.org/sites/default/files/digital-investment-advice-report.pdf.

务，前五步则是一般的智能投顾的共同特征。而第七步的投资组合分析是为客户提供较专业的分析工具，可大致理解为“投资复盘”功能，一般包括业绩展示、业绩归因、风险因子分析、组合描述性统计分析以及回测和模拟等。[1] 通俗地说就是，如果某组合挣钱了，原因是什么？如果亏了，又是因为什么？本来可以多挣，为什么少挣了？可以从以前的投资经历中吸取什么经验教训？能否创建新的投资组合？[2]其他金融市场相对发达国家的智能投顾服务流程也与之类似，一般而言都是一种全流程的自动化投资服务。如在新加坡，智能投顾流程通常从客户输入投资金额开始，并回答一系列有关其风险承受能力、投资目标和投资时间范围的问题。然后，智能投顾使用算法分析客户的回答，并生成推荐的投资组合。如果客户接受推荐的投资组合，智能投顾可以直接将客户的交易订单转给经纪公司执行。随着时间的推移，由于市场波动，客户的投资组合可能会偏离其最初推荐的资产配置。当这种情况发生时，智能投顾将调整客户的投资，以维持目标资产配置。这种投资组合的再平衡通常是自动化的，并定期执行。[3] 因此，典型的智能投顾至少应当包含客户画像、资产配置、投资组合选择、交易执行、投资组合再平衡等功能。无论从其定义还是功能要素都可以看出，典型的智能投顾就是国内所谓的全权委托型智能投顾。

在具体的操作流程上，一个典型的智能投顾首先需要通过在线调查问卷的方式收集与客户理财目标、投资范围、收入和其他资产信息、风险承受能力等方面相关的信息，来完成对客户的画像。然后基于对客户的画像，运用人工智能算法给出投资组合建议。对于该建议，客户可以事先给出一

---

〔1〕 参见崔传刚：《智能投资：机器交易时代的崛起》，机械工业出版社 2018 年版，第 114～115 页。

〔2〕 参见李劲松、刘勇：《智能投顾：开启财富管理新时代》，机械工业出版社 2018 年版，第 69 页。

〔3〕 See MAS, *Guidelines on Provision of Digital Advisory Services* 3 (2018), https://www.mas.gov.sg/-/media/MAS/Regulations-and-Financial-Stability/Regulations-Guidance-and-Licensing/Securities-Futures-and-Fund-Management/Guidelines-on-Provision-of-Digital-Advisory-Services--CMGG02.pdf.

定的限制条件。在智能投顾提出建议后,客户也可以选择采纳或不采纳。如不采纳,可以加入新的限制条件,并要求智能投顾给出新的投资组合建议。在客户确认投资组合方案后,由智能投顾根据其全权委托来执行交易。此外,客户全权委托的范围还包括在初步的投资组合建立后,允许智能投顾根据市场及客户个人情况的变化,重新对投资组合进行再平衡。投资组合再平衡的目的一方面在于修正投资组合中的实际资产类别权重、收益率等与客户预期之间的偏差,另一方面在于使修正后的投资组合能够与最新的市场及客户情况相匹配。此外,客户也可以根据自身的情况和偏好,随时要求智能投顾对投资组合进行再调整。

在智能投顾服务流程的各阶段中,客户画像是非常重要的一环。根据国际证监会组织的调查报告,实践中,金融机构在做出投资建议前,会通过自动化工具来对客户进行画像,以满足适当性和 KYC 的要求。相应地,所运用的自动化工具会纳入考虑的广泛因素包括客户的年龄、收入、教育水平、投资范围、投资经验、风险承受能力、投资目标、现有资产等。[1] 这些金融机构会利用从客户那里获得的信息,将所有客户分组为有限数量的客户画像组。风险级别和投资策略或目标是对客户画像进行分类的最常见方法。常见的类型依次为保守型(conservative)、中等风险型(moderate risk)、动态进取型(dynamic and aggressive)、收益型(income)、平衡型(balanced)、成长型(growth)或积极成长型(aggressive growth)。为了确保客户了解这些分类及其性质、范围和公司所提供服务的费用,有些公司依靠标准化的披露文件和标准化的认可条款,而有些公司则是通过其与客户互动的过程来评估客户是否理解了相关的披露。[2] 有些公司会通过在自动化工具中输入与交易活动有关的信息来更新他们的客户画像,并且通过

---

〔1〕 See IOSCO, *Report on the IOSCO Social Media and Automation of Advice Tools Surveys* 13 (2014), https://www.iosco.org/library/pubdocs/pdf/IOSCOPD445.pdf.

〔2〕 See IOSCO, *Report on the IOSCO Social Media and Automation of Advice Tools Surveys* 14–15 (2014), https://www.iosco.org/library/pubdocs/pdf/IOSCOPD445.pdf.

各种方法来通知他们的客户已进行此种更新，包括账户登录界面，或通过公司主管，或通过某个获得授权的人。然而，大多数公司所使用的大多数自动化工具不会根据触发事件(trigger events)[1]来更新客户画像，而是依赖于客户或公司代表来跟踪客户生活状况的变动。[2]

智能投顾流程中另一个重要环节是投资组合的再平衡。因为让人类投资顾问持续监控所有客户的投资组合是不可行的，所以人类投资顾问主要是在预定的时间间隔进行再平衡，这是一种基于时间的再平衡。而智能投顾的优势在于，它能够将连续监控程序编入算法，因此，当资产配置失衡达到一定百分比时，它就可以自动进行再平衡，这是一种基于阈值的再平衡。这种能力将交易成本降到最低，并有助于确保投资配置不断反映客户的目标。[3] 对投资组合进行再平衡，对于在漫长投资周期内保持资产的目标配置是必要的。当投资组合的组成自然偏离其预期目标，或目标本身发生变化时，再平衡就变得必要。例如，当组合中的组成证券表现不同时，就会产生波动，这可能导致资产类别权重过高或过低。投资组合的有效再平衡需要：(1)客户已明确表达了在必要时应进行自动再平衡的意图。(2)告知客户再平衡的潜在成本和税务影响。(3)向客户披露再平衡是如何运作的，其中，如果再平衡的启动使用的是浮动阈值，应披露阈值是什么以及阈值是否因资产类别而异；如果再平衡是定期的，应披露再平衡是每月、每季度还是每年进行。(4)制定政策和程序，以确定在发生重大市场变动时该再平衡工具将如何发挥作用。(5)采用尽量减少再平衡带来的税务影响的方法。[4]

---

[1] 所谓触发事件，是指诸如结婚、离婚、生育、退休、遗产继承等事件。

[2] See IOSCO, *Report on the IOSCO Social Media and Automation of Advice Tools Surveys* 15 (2014), https://www.iosco.org/library/pubdocs/pdf/IOSCOPD445.pdf.

[3] See Megan Ji, *Are Robots Good Fiduciaries? Regulating Robo-Advisors under the Investment Advisers Act of* 1940, 117 Columbia Law Review 1543, 1559 (2017).

[4] See FINRA, *Report on Digital Investment Advice* 11 (2016), http://www.finra.org/sites/default/files/digital-investment-advice-report.pdf.

对投资组合进行再平衡的一种方法是使用客户现金流。智能投顾可以利用多种资源来重新平衡投资组合,包括存款、股息、再投资甚至退股。通常,智能投顾会利用投资的流入和流出来恢复投资组合的目标配置,即利用客户资金购买权重过低的资产类别,并从权重过高的资产类别中提取资金。一般来说,当账户内的投资组合变动很小时,使用股息和再投资来重新平衡目标配置是有效的,因为股息和再投资相对于头寸的规模通常不会很大。在现金流入和流出不足以达到目标分配的情况下,一些智能投顾工具可能会简单地重新分配账户内已经存在的资产,以达到目标权重。重新分配投资于账户的资产通常会涉及资产的买卖,可能会让客户损失交易佣金,而在应税账户中,则会出现资本收益或损失。实践中,再平衡的触发因素各不相同,有的公司使用3%的投资组合波动的明线阈值来启动再平衡,并且每天监控投资组合的变动;而有的公司的投资管理委员会根据市场事件来临时决定允许的波动范围;还有的公司监控客户的投资组合,并根据需要定期对其进行重新调整,但不说明具体的波动阈值。[1]

税金损失收割是一种策略,即在策略时间点卖出亏损的证券,以实现抵销其他收入的资本损失,从而抵扣应缴纳的资本利得税。在出售证券以实现上述损失后,投资顾问将用类似的资产替换所出售的证券,通常是ETF,以保持原有的资产配置。通过使用算法,智能投顾可以比人类顾问更顺利地捕捉税金损失收割机会。例如,美国的"洗售规则"禁止纳税人在出售证券前30日或后30日内购买"基本相同的"证券时申报损失,这一规则使人工获取税金损失变得更加困难。但是,通过算法技术的使用,智能投顾能够识别高度相关但技术上并非"本质上相同"的替代ETF,有可能是因为替代基金跟踪的是一个不同的指数。[2] 税金损失收割主要是针对美国

---

〔1〕 See FINRA, *Report on Digital Investment Advice* 10 – 11 (2016), http://www.finra.org/sites/default/files/digital-investment-advice-report.pdf.

〔2〕 See Megan Ji, *Are Robots Good Fiduciaries? Regulating Robo-Advisors under the Investment Advisers Act of* 1940, 117 Columbia Law Review 1543, 1559 (2017).

市场的一种特殊服务。一般而言,传统投资顾问机构只向超过500万美元的账户提供税收减免咨询服务,而智能投顾则向所有人提供此类服务。由于采用机器计算和自动化交易,智能投顾可以随时随地对账户进行税务规划,并且通常可以通过先进的计算机算法实现较高的税务规划效率。相比之下,传统投资顾问通常每年或每个季度才会为客户账户提供一次节税服务。[1] 我国证券投资没有资本利得税,因此在税务规划方面的需求较低。[2]

在投资方式和对象问题上,不同的智能投顾有不同的投资方式,包括不同的投资风格和不同的产品。有些智能投顾有一些预先确定的投资组合,并会向客户推荐,客户可能可以或不可以进行个性化定制。将预先打包的投资组合与依据问卷生成的为数不多的客户画像相匹配,这种模式限制了智能投顾做出真正定制的建议,因此主要依赖被动指数和多样化策略,并利用跟踪宽基市场指数的ETF。[3] 一些智能投顾只专注于有限范围的常见ETF,而一些智能投顾可能会推荐一些较为小众的基金,或投资规模较小的公司,这些公司可能波动性更大,流动性可能更低。智能投顾的投资风格会对客户投资组合的资产配置产生很大的影响。[4] 虽然绝大部分的公司会将他们建议配置的资产和产品范围限制于集合投资计划、共同基金和ETF,[5]但一些国家的监管机构也注意到,已经出现了风险可能更高的新产品和投资策略。这些监管机构认为,从监管政策和商业考虑出发,可以扩大或缩小智能投顾平台推荐的产品范围。但如果智能投顾工具

---

〔1〕 参见钟宁桦、钱一蕾、解咪主编:《智能投顾前瞻》,北京大学出版社2020年版,第19页。

〔2〕 参见李劲松、刘勇:《智能投顾:开启财富管理新时代》,机械工业出版社2018年版,第69页。

〔3〕 See Megan Ji, *Are Robots Good Fiduciaries? Regulating Robo-Advisors under the Investment Advisers Act of* 1940, 117 Columbia Law Review 1543, 1557 (2017).

〔4〕 See SEC, *Investor Bulletin: Robo-Advisers* (2017), https://www.sec.gov/oiea/investor-alerts-bulletins/ib_robo-advisers.html.

〔5〕 See IOSCO, *Update to the Report on the IOSCO Automated Advice Tools Survey: Final Report* 2 (2016), http://www.iosco.org/library/pubdocs/pdf/IOSCOPD552.pdf.

开始提供更具复杂性和投机性的产品,监管机构和公司可能需要采取额外的监管措施来保护投资者。[1] 由于智能投顾的资产配置主要由被动跟踪式的指数基金构成,智能投顾的广泛运用就会使资产管理市场中的资金不断由主动基金迁移至被动基金。如果智能投顾公司和其他力量将资产从收费较高的基金中转移出去,那么资产管理的总体成本应该会下降。当金融中介机构收割的投资者资产比例更小时,投资者收益就会增加,经济增长也可能受益于流向金融中介机构的费用减少。一些研究表明,金融中介部门的臃肿会使国家经济增长明显放缓,而自动化的智能投顾公司可能会减少金融中介机构获得的资本总额,释放资金用于投资。[2]

第四节　智能投顾的人工介入

一、对智能投顾人工介入情况的考察

虽然智能投顾被定义为使用了人工智能技术的投资顾问服务,但是在不同的国家和地区,存在自动化程度不同的智能投顾服务形态。也就是说,在整个服务流程中,除对人工智能技术的运用之外,仍存在不同程度的人工介入情况。

(一)美国

美国的智能投顾在多种商业模式下运作,并提供一系列的投资顾问服务,并可以为客户提供不同程度的人际互动。面向客户的工具的人工介入程度差别很大,一些公司完全依赖于与客户的数字化互动,而另一些公司

---

〔1〕 See IOSCO, *Update to the Report on the IOSCO Automated Advice Tools Survey: Final Report* 19 (2016), http://www.iosco.org/library/pubdocs/pdf/IOSCOPD552.pdf.

〔2〕 See Benjamin P. Edwards, *The Rise of Automated Investment Advice: Can Robo-Advisers Rescue the Retail Market*, 93 Chicago-Kent Law Review 97, 107 - 108 (2018).

则提供选择性或强制性的与金融专业人士接触的途径。[1] 例如,先锋领航就配备了人力投资顾问来审查客户的投资组合,而其他一些更加流行的智能投顾公司,如 Hedgeable 和 Wealthfront,则完全依靠算法来审查他们客户的投资组合。[2] 总的来说,人工介入程度是与商业需求相匹配的,在智能投顾服务流程的不同阶段也有可能有不同的人工介入程度。例如,智能投顾还可能使用不同的方法从客户那里收集信息,一些智能投顾仅仅依靠不同长度的问卷从客户那里获取信息,而另一些智能投顾则通过直接与客户联系,或允许客户提供他的其他账户的信息来获取额外信息。[3]

在提供人际互动的智能投顾中,不同的智能投顾提供给客户的人际互动程度可能有所不同。一些智能投顾可能会提供联系投资专业人士的机会,以讨论客户的投资需求,这种自动和人工咨询的结合有时也被称为"仿生"咨询。其他智能投顾可能只提供技术支持人员,这会将客户限制于依靠其网站或其他来源的信息来解决他们的投资问题。如果智能投顾确实为客户提供了一位投资专业人士,那么互动的形式和频率也可能会有所不同。例如,客户可能可以通过电子邮件联系,但不能通过电话联系,或者只能参加有限的会面。在某些情况下,智能投顾可能只向满足一定最小账户规模的用户提供投资专业人士服务。还有一些智能投顾可能会有限地让投资专业人士参与客户账户的创建和管理。[4]

(二)加拿大

加拿大的在线顾问与美国的大多数智能投顾不同,美国的智能投顾在

---

〔1〕 See FINRA, *Report on Digital Investment Advice* 3 (2016), http://www.finra.org/sites/default/files/digital-investment-advice-report.pdf.

〔2〕 See Caelainn Carney, *Robo-Advisers and the Suitability Requirement: How They Fit in the Regulatory Framework*, 2018 Columbia Business Law Review 586, 596 – 597 (2018).

〔3〕 See SEC, *Guidance Update: Robo-Advisers* 1 (2017), https://www.sec.gov/files/2017-03/im-guidance-2017-02.pdf.

〔4〕 See SEC, *Investor Bulletin: Robo-Advisers* (2017), https://www.sec.gov/oiea/investor-alerts-bulletins/ib_robo-advisers.html.

向客户提供服务的过程中很少或没有人工参与。而相比之下,加拿大的在线顾问在其服务过程中,咨询代表(advising representatives)仍然积极参与决策。[1]

在线顾问公司会使用一个交互式网站来收集KYC信息,然后由咨询代表审核。咨询代表负责确定已收集到足够的KYC信息,以支持对客户或潜在客户的投资适当性判断。大多数公司的政策是咨询代表总是在KYC信息收集完成之前直接与客户或潜在客户沟通。而在少数公司,公司只在咨询代表对通过在线平台收集的信息有疑问或担忧的情况下,要求咨询代表与客户或潜在客户进行直接沟通。在此种情况下。KYC问卷的软件将包括识别不一致答复的机制,以及咨询代表联系客户或潜在客户的其他触发机制。在任何一种模式中,咨询代表都可以通过电话、视频链接、电子邮件或网络聊天,与客户或潜在客户进行联络。而客户或潜在客户则总是可以依其个人意愿与咨询代表进行首次接触。在线顾问的KYC流程必须做到相当于与客户或潜在客户进行有意义的讨论,即使这种讨论不是面对面的交谈,这依赖于在线问卷的质量以及在线顾问网站上的帮助说明。一个精心设计的在线KYC问卷和系统将:(1)通过一系列行为问题来了解客户或潜在客户的风险承受能力,并获取其他KYC信息;(2)在所有问题都得到回答之前,阻止客户或潜在客户进入流程的下一步;(3)测试客户或潜在客户回答中的矛盾(如回答表明其同时要求低风险容忍度和最大增长目标),并且在矛盾解决之前不让客户或潜在客户完成问卷;(4)标记客户或潜在客户的矛盾或冲突的回应,这些回应会触发咨询代表致电投资者;(5)提供相关术语和概念的投资者教育;(6)提醒投资者,在整个过程中咨询代表都是可以向他们提供帮助的。此外,该系统还应提醒客户至少

---

〔1〕 See CSA, *CSA Staff Notice 31 - 342 - Guidance for Portfolio Managers Regarding Online Advice* 8198 (2015), https://www.osc.gov.on.ca/documents/en/Securities-Category3/csa_20150924_31-342_portfolio-managers-online-advice.pdf.

每年在线对个人信息进行更新,如果客户的情况发生了重大变化(如结婚、离婚、生子、失业或工作变动),则应更加经常更新。咨询代表必须审查KYC信息的所有更改,并考虑所选模拟投资组合是否仍然合适。[1]

迄今为止,在线顾问的客户投资组合包括ETF、低成本共同基金或其他可赎回投资基金、现金和现金等价物,未采用杠杆策略或卖空交易。一些在线顾问完全依靠咨询代表来决定客户投资组合中的资产配置和产品选择。但是,在大多数情况下,在KYC流程完成之后,会利用软件初步确定客户的投资者画像,以及适合该投资者画像的模拟投资组合。咨询代表将审查软件生成的投资者画像,以确保其准确反映KYC过程中收集的信息。咨询代表还负责确保软件为客户提出的模拟投资组合在事实上适合他们。之后,投资组合管理人将确保客户的投资与咨询代表为客户批准的模拟投资组合一致。这包括以适当的时间间隔对客户的投资组合进行再平衡,使之适合于目标资产配置组合。这通常是由客户授权投资组合管理人在加拿大投资业监管组织(Investment Industry Regulatory Organization of Canada,IIROC)成员公司为客户开立的账户中直接交易。[2]

(三)欧洲

在欧洲,人们可以使用不同的自动化工具来支持投资顾问服务过程的不同部分,如信息收集、风险分析、投资组合分析和订单处理或交易。有些投资顾问服务是完全自动化的,而有些服务则会在使用者和建议提供者之间的某一阶段进行人工介入。在更多的欧洲司法管辖区,存在其他自动化工具,为客户提供各种在线功能。此类服务包括但不限于:开通和管理在

---

〔1〕 See CSA, *CSA Staff Notice 31 – 342 – Guidance for Portfolio Managers Regarding Online Advice* 8198 (2015), https://www.osc.gov.on.ca/documents/en/Securities-Category3/csa_20150924_31 – 342_portfolio-managers-online-advice.pdf.

〔2〕 See CSA, *CSA Staff Notice 31 – 342 – Guidance for Portfolio Managers Regarding Online Advice* 8198 – 8199 (2015), https://www.osc.gov.on.ca/documents/en/Securities-Category3/csa_20150924_31 – 342_portfolio-managers-online-advice.pdf.

线交易账户从而允许客户在仅执行的基础上(on an execution-only basis)交易金融工具,自动化的投资组合管理服务,以及比较不同金融工具交易价格的自动化工具。[1]

(四)中国

1. 香港特别行政区

香港特别行政区的机械理财建议提供的服务种类众多,例如:(1)全自动服务,即不受人为干扰、透过网上平台提供全自动化投资意见;(2)顾问支持服务,即同时容许客户视乎需要,选择联络顾问的网上平台;(3)指导性顾问服务,即由以技术工具协助及支持的顾问提供投资意见。[2] 三种类型分别对应人工介入程度不同的理财顾问服务。

2. 内地

当前内地市场上的智能投顾仍处于相对初级的发展阶段,在其整个业务模式中人工参与度较高。人工参与的主要方面包括:(1)金融工程人员和研究人员联合开发完成带有倾向性的资产配置体系,这一过程是有业务的倾向;(2)资产配置模型(尤其是在中国市场上的资产配置模型)必然会涉及对各类资产的趋势判断的问题,其中大部分工作是由系统完成,但是最后会有人工审核;(3)在购买完成后仍然有专属的投资顾问,为客户解决投资问题,帮助账户管理,普及智能组合知识。[3] 当然,此种情况也是与我国智能投顾程序开发水平、市场环境和法规条件相适应的。

二、智能投顾需要人工介入的原因

运用人工智能算法的智能投顾在某些情况下仍然需要人工介入,除弥

---

〔1〕 See ESAs, *Joint Committee Discussion Paper on Automation in Financial Advice* 7 (2015), http://www.eba.europa.eu/documents/10180/1299866/JC + 2015 + 080 + Discussion + Paper + on + automation + in + financial + advice.pdf.

〔2〕 参见中国香港特别行政区《网上分销及投资咨询平台指引》第4.1条。

〔3〕 参见邢会强、银丹妮:《智能投顾信息披露法律制度的构建》,载《西北工业大学学报(社会科学版)》2019年第1期。

补算法能力的不足以外,很重要的原因是智能算法可能无法提供一些人们认为对投资顾问和客户之间关系至关重要的人性化服务,如在市场波动时为投资者提供支持、安慰和建议的能力。传统投资顾问的“人性化”是一些人预测智能投顾永远不会完全取代传统的人类投资顾问的原因。金融业支持的研究支持了这一预测,发现74%的投资者更喜欢在动荡的市场中接受人类的投资建议。尽管每个智能投顾都会对人类参与的总体水平做出自己的决定,但有些共通的节点都是需要人类参与的。首先,人类必须参与智能投顾平台和向投资者提供建议的专有算法的设计。其次,需要其他人员确保智能投顾遵守公司内部和公司外部监管层面的相关规则和标准。最后,一些智能投顾平台甚至允许他们的投资者客户与人类投资顾问合作,这是他们服务模式的一部分。[1] 当人际互动成为智能投顾服务的一部分时,它并不一定意味着与专门的投资顾问进行面对面的讨论,而可能是打电话或通过电子方式接触顾问团队的成员。对于不同的平台而言,除联系人类投资顾问的方法不同之外,投资者可以联系人类投资顾问的频率也会不同。[2]

当然,有些投资者可能就是喜欢没有人类投资顾问的直接控制的感觉,自己访问和输入信息的灵活性,以及数字化投资服务提供的学习机会。通过电脑或移动设备提供的数字平台不受人类投资顾问办公时间的限制,允许投资者在任何时候访问自己的账户信息。智能投顾对每个投资者的投资、账户信息和投资者教育的分隔,还为投资者提供了一定程度的隐私和控制权,这是在传统咨询关系中不一定有的。而正是这种即时获取信息的方式,让一些智能投顾公司相信,他们的服务既能吸引账户余额较少的投资者,也能吸引账户余额更高、更成熟的投资者。智能投顾公司

---

〔1〕 See SEC, *Investor Bulletin*: *Robo-Advisers* (2017), https://www.sec.gov/oiea/investor-alerts-bulletins/ib_robo-advisers.html.

〔2〕 See Nicole G. Iannarone, *Computer as Confidant Digital Investment Advice and the Fiduciary Standard*, 93 Chicago-Kent Law Review 141, 153 (2018).

Bettermant 的报告也显示,他们客户的平均年龄为 35 岁,但是其也有大约 30% 的客户年龄超过 50 岁。[1]

广义的智能投顾既包括“混合机器人”(hybrid robots),即在主要是自动化流程的基础上加上人工界面,也包括向更传统的金融顾问出售的自动化投资组合选择和管理工具,此种智能投顾提供的服务更具有人性化。[2] 一般而言,混合智能投顾收费更高,主要是为了满足相对富裕人群对此种服务的需求。[3] 最简单的混合平台可以通过算法从投资者那里获取信息,建立客户的画像,这样人类投资顾问就可以向投资者提供某种程度的传统的、面对面的建议。而有的公司则可以为客户提供全面的数字投资顾问工具以及人力支持。与人类投资顾问合作的智能投顾服务,被认为是向客户提供了一种选择,即可以确保资产比传统投资顾问管理更少的投资者客户能够获得针对其特定情况可能需要的全面咨询服务。[4]

三、人工介入对智能投顾达到信义标准的影响

人工介入程度的不同,也可能影响对智能投顾的信义义务规制。实践中运用人工智能算法的投资工具可以区分为纯智能投顾(pure robo-advisor)和混合智能投顾(hybrid robo-advisor)。其中,纯智能投顾又被称为全自动智能投顾(fully-automated robo-advisor),[5] 是指基于算法的自动

---

[1] See Nicole G. Iannarone, *Computer as Confidant Digital Investment Advice and the Fiduciary Standard*, 93 Chicago-Kent Law Review 141, 144 (2018).

[2] See Tom Baker & Benedict Dellaert, *Regulating Robo Advice across the Financial Services Industry*, 103 Iowa Law Review 713, 721 (2018).

[3] See Ihsan Ibrahim Daldaban, *RegTech and SupTech for Robo-Advisers: Alternative Regulatory Methods for Enhancing Compliance*, 19 Asper Review of International Business and Trade Law 59, 68 (2019).

[4] See Nicole G. Iannarone, *Computer as Confidant Digital Investment Advice and the Fiduciary Standard*, 93 Chicago-Kent Law Review 141, 150 (2018).

[5] See Ihsan Ibrahim Daldaban, *RegTech and SupTech for Robo-Advisers: Alternative Regulatory Methods for Enhancing Compliance*, 19 Asper Review of International Business and Trade Law 59, 78 (2019).

化财富管理服务，且这种服务是完全在线且基于算法软件的，而没有任何人工辅助。混合智能投顾则是将基于算法的自动化方法和专门的人工监督结合起来，因此包含一定程度的人工介入。[1] 这两种智能投顾在使其行为达到信义义务标准的能力上可能存在不同，因而也会影响到这两种智能投顾的应用范围。

例如，有学者支持在特定情况下使用智能投顾，同时禁止在其满足信义义务的能力不明确的领域使用纯智能投顾。该学者认为，法律应明确在何处最好使用智能投顾，并应明确在何处必须使用人类投资顾问。智能投顾的优势在于提供与有限范围业务相关的投资建议，并持续监控和再平衡特定账户。因此，智能投顾最适合针对特定资产提出投资组合建议，并在必要时监控、再平衡和调整这些账户。而任何与此相比范围更广的服务，都需要由人类投资顾问或混合智能投顾来提供。在达到信义义务标准方面，智能投顾最大的缺陷是在主动收集数据方面，因为如果问卷无效或过于有限，建议就不是个性化的，而且智能投顾不能利用人类的判断来主动寻找新的信息。对于如综合财务规划、退休规划、遗产规划或财富管理等受托范围广泛且需要诸多方面信息的服务，这种信息的缺乏或不足可能会导致不利的结果。因此，法律应当禁止在这些情况下使用纯智能投顾，可以使用混合智能投顾，其中智能投顾执行投资组合建议和监控、再平衡账户服务，但事实调查和客户关系管理方面由人类投资顾问管理。[2]

甚至有学者主张，如果法律或监管机构规则不能在现有的适当性标准

---

〔1〕 See Bret E. Strzelczyk, *Rise of the Machines: The Legal Implications for Investor Protection with the Rise of Robo-Advisors*, 16 DePaul Business & Commercial Law Journal 54, 56 (2017); Sophia Duffy & Steve Parrish, *You Say Fiduciary, I Say Binary: A Review and Recommendation of Robo-Advisors and the Fiduciary and Best Interest Standards*, 17 Hastings Business Law Journal 3, 4 – 5 (2021).

〔2〕 See Sophia Duffy & Steve Parrish, *You Say Fiduciary, I Say Binary: A Review and Recommendation of Robo-Advisors and the Fiduciary and Best Interest Standards*, 17 Hastings Business Law Journal 3, 31 (2021).

之外,为智能投顾建立一个清晰而有效的信义标准,那么纯智能投顾就应该被淘汰。相反,这种商业模式应该被混合智能投顾取代,即应当在市场中推广混合智能投顾替代纯智能投顾。混合智能投顾将纯智能投顾使用的低成本算法与人工因素结合起来,以监控和提供整体投资组合分析。但是此种转变需要两个条件:一是人类顾问能够对人工智能算法所无法模仿的投资服务予以很好的补充;二是投资者愿意接受在他们的投资活动中纳入更多人工服务的因素而导致的成本上升。[1] 笔者认为,即使存在不同程度的人工介入,但投资者对智能投顾服务提供者的信赖是双方之间建立法律关系的基础。因此,应将智能投顾中金融从业者与投资者之间的关系认定为信义关系。在相关法律和监管规则中明确建立落实智能投顾信义义务的规则体系,是非常重要的。甚至需要通过一些监管细则的辅助,以使智能投顾的行为能够达到相关信义标准。

一般来说,人工介入程度更高的混合智能投顾比纯智能投顾更加容易达到相关信义标准。但是,对人力的使用意味着更高的成本,因此混合智能投顾往往意味着更高的收费。当智能投顾公司提供两类不同的智能投顾时,一般只有对这方面有更高要求的客户才会选择混合智能投顾。基本上,除客户的特殊要求外,人工介入都是为了弥补算法能力的不足而存在的。对于自动运行的智能投顾而言,算法失灵或运行异常应当是人工介入的底线。我国"资管意见"第23条第3款规定,因算法同质化、编程设计错误、对数据利用深度不够等人工智能算法模型缺陷或者系统异常,导致"羊群效应"、影响金融市场稳定运行的,金融机构应当及时采取人工干预措施,强制调整或者终止人工智能业务。即将人工干预作为对智能算法缺陷或自动化运行异常的最后一道防线。

---

[1] See Bret E. Strzelczyk, *Rise of the Machines: The Legal Implications for Investor Protection with the Rise of Robo-Advisors*, 16 DePaul Business & Commercial Law Journal 54, 80 – 83 (2017).

第二章　智能投顾的规制路径与规范方案

第一节　智能投顾规制的主要问题

一、智能投顾的规制方法

一般认为,法律是技术中立(technology neutral)的。因此,智能投顾业务的监管规则通常都会基于既有的金融业规则,并不会仅仅因为其使用了诸如人工智能算法等技术而对其予以监管豁免。无论是从事传统的面对面的投资顾问服务,还是基于互联网平台的服务,所应遵循的初始注册和后续运营的基本规则都是一样的。[1] 从世界范围来看,各国基本上都是将作为新兴业态的智能投顾纳入已有的某种监管框架进行规制,[2]除非不存在适当的既有规制框架。在特定监管框架之下,为用户提供智能投顾服

〔1〕 See CSA, *CSA Staff Notice 31 - 342 - Guidance for Portfolio Managers Regarding Online Advice* 8197, 8199 (2015), https://www.osc.gov.on.ca/documents/en/Securities-Category3/csa_20150924_31 - 342_portfolio-managers-online-advice.pdf; ASIC, *Regulatory Guide 255: Providing Digital Financial Product Advice to Retail Clients* 5 (2016), http://download.asic.gov.au/media/3994496/rg255 - published - 30 - august - 2016.pdf.

〔2〕 See Hui Chia, *In Machines We Trust: Are Robo-Advisers More Trustworthy than Human Financial Advisers?*, 1 Law, Technology and Humans 129, 133 - 135 (2019).

务的平台通常需要进行注册并获得相应的行政许可,否则就会产生合规风险。[1]

例如,在美国,尽管智能投顾提供的服务是自动化的,但其也必须遵守适用于在联邦证券交易委员会或州证券监管机构注册的投资顾问的证券法和投资顾问法,而且必须像传统的投资顾问一样提交 ADV 表格。[2] 在澳大利亚,如果要从事提供金融服务(如金融产品咨询)的业务,除非申请豁免,否则必须持有澳大利亚金融服务(Australian Financial Services,AFS)牌照或作为金融服务持牌人的授权代表。[3] 在加拿大,在线顾问必须注册为投资组合管理人,且必须满足常规的注册条件。[4] 在新加坡,数字化顾问没有单独的许可机制。证券期货法和投资顾问法所体现的许可框架是技术不可知(technology agnostic)的,且适用于数字化顾问。在这些法律之下从事受监管活动的金融机构需要获得适当许可,除非他们符合法律中的相关豁免。这与用于交付此类受监管活动的渠道无关,也就是说,无论其是通过人类顾问还是数字化顾问工具,都是如此。[5]

因此,就我国的智能投顾规制而言,同样需要根据其业务属性,将其纳入适当的规制框架中。当然,现有法律框架是对过去做法的承认,但是金融科技创新必然会带来与以往不同的做法,需要法律进行调适,否则必定

---

〔1〕 See IOSCO, *IOSCO Research Report on Financial Technologies (Fintech)* 31 (2017), http://www.iosco.org/library/pubdocs/pdf/IOSCOPD554.pdf.

〔2〕 See SEC, *Guidance Update: Robo-Advisers* 1 – 2 (2017), https://www.sec.gov/files/2017-03/im-guidance-2017-02.pdf; SEC, *Investor Bulletin: Robo-Advisers* (2017), https://www.sec.gov/oiea/investor-alerts-bulletins/ib_robo-advisers.html.

〔3〕 See ASIC, *Regulatory Guide 255: Providing Digital Financial Product Advice to Retail Clients* 8, 11 – 16 (2016), http://download.asic.gov.au/media/3994496/rg255-published-30-august-2016.pdf.

〔4〕 See CSA, *CSA Staff Notice 31 – 342 – Guidance for Portfolio Managers Regarding Online Advice* 8197 (2015), https://www.osc.gov.on.ca/documents/en/Securities-Category3/csa_20150924_31-342_portfolio-managers-online-advice.pdf.

〔5〕 See MAS, *Guidelines on Provision of Digital Advisory Services* 6 (2018), https://www.mas.gov.sg/-/media/MAS/Regulations-and-Financial-Stability/Regulations-Guidance-and-Licensing/Securities-Futures-and-Fund-Management/Guidelines-on-Provision-of-Digital-Advisory-Services--CMGG02.pdf.

会扼杀实践对金融创新真正的需求。

二、作为规制重点的全权委托型智能投顾

就我国投资建议型智能投顾的法律规制问题，业界和学界基本已经达成共识，即纳入投资咨询（投资顾问）业务的监管框架即可。然而，国内学界有观点认为，智能投顾的业务范围应当仅限于纯粹的投资咨询业务，不能开放智能投顾平台从事全权委托业务。其理由在于：第一，证券全权委托容易曲解证券市场的价格形成机制，损害投资信赖；第二，证券全权委托容易导致证券公司实施双方代理行为，同时为其操纵市场提供了便利；第三，我国不具备实施全权委托的理论基础和配套制度措施。〔1〕但是，这种观点与市场对智能投顾的服务与功能需求是不符的。就此问题，有学者高屋建瓴地指出，目前我国智能投顾财富管理功能弱化的原因就在于全权委托业务的缺乏。禁止全权委托束缚了智能投顾“代客理财”的功能，使智能化与自动化的优势受限，严重抑制了智能化投资的效果。由于我国智能投顾无法实现代客理财，当算法程序捕捉到投资机会时，只能依靠投资者进行人工调仓，投资效率大为降低，智能投顾的智能服务与财富管理服务被人为阻断，投资建议的持续性大大削弱。〔2〕

笔者认为，无论从其概念还是实践需求来看，智能投顾最重要和最具特色的功能就体现在，基于算法的自动交易和投资组合再平衡的账户管理功能，而这就是社会和民众对智能投顾真正的市场需求之所在。早期的智能投顾只提供建议的投资组合分配，然后客户必须自己执行交

---

〔1〕 参见袁森英：《我国证券智能投顾运营商市场准入制度的构建》，载《西南政法大学学报》2018 年第 3 期。

〔2〕 参见郭雳：《智能投顾开展的制度去障与法律助推》，载《政法论坛》2019 年第 4 期；郭雳、赵继尧：《智能投顾发展的法律挑战及其应对》，载《证券市场导报》2018 年第 6 期。

易,因此就导致此种业务流行起来的速度较慢。[1] 投资建议型智能投顾虽然也运用了人工智能,但只用在了投资决策分析中,仍然属于在客户要求下提供一次性咨询建议的范畴。客户无法将自己从交易执行和对自己账户资产的持续监控中解放出来,并未真正实现理财全流程的自动化。而且,从国外经验来看,在持续监控账户和账户再平衡等服务方面,智能投顾也比人类投资顾问要更加有效。[2] 不允许智能投顾基于全权委托实施账户监控和再平衡,就等于放弃了其在这方面的功能优势。只有允许全权委托型智能投顾,客户才能享受基于人工智能的全流程理财和账户管理服务。而此种服务的前提就在于客户对智能投顾的全权委托,因此那种将智能投顾业务范围限于投资咨询的观点显然是不恰当的。

无论从理论上还是从实践中来看,规制智能投顾的争议都主要集中于全权委托型智能投顾。有观点认为应将其纳入投资顾问的监管框架,并对我国法律制度进行相应的改造。[3] 还有观点则认为应将其纳入资产管理的监管框架,并将其法律关系界定为我国传统上的信托型资产管理模式。[4] 笔者认为,处理全权委托型智能投顾的规制问题,不仅需要对域外有关全权委托业务的规制经验进行考察,还需要具备从实践需求出发的对智能投顾规制逻辑的深刻理解。

---

〔1〕 参见[美]约翰·莱特伯恩:《算法与受托人:对人工智能理财规划师现有和拟议的监管方法》,李诗鸿译,缪因知校,载彭冰主编:《金融法苑》第99辑,中国金融出版社2019年版,第252页。

〔2〕 See Sophia Duffy & Steve Parrish, *You Say Fiduciary, I Say Binary: A Review and Recommendation of Robo-Advisors and the Fiduciary and Best Interest Standards*, 17 Hastings Business Law Journal 3, 19 (2021).

〔3〕 参见李文莉、杨玥捷:《智能投顾的法律风险及监管建议》,载《法学》2017年第8期;郭雳、赵继尧:《智能投顾发展的法律挑战及其应对》,载《证券市场导报》2018年第6期。

〔4〕 参见吴烨、叶林:《"智能投顾"的本质及规制路径》,载《法学杂志》2018年第5期。

第二节 规制全权委托型智能投顾的可选路径

一、投资顾问与全权委托相区分的立法模式

能否在投资顾问的法律框架下经营全权委托型智能投顾业务,取决于法律是否允许投资顾问接受客户全权委托,进行账户管理和相关投资活动。在比较法上,不允许投资顾问接受全权委托的代表是日本和韩国。在现行的日本《金融商品交易法》和韩国《资本市场法》的框架下,投资咨询业并不包含全权委托投资业,两者是不同的金融业务,并适用不同的监管要求。

(一)日本

日本在过去的《投资顾问业法》中,同时规定了进行投资咨询的投资顾问和进行全权委托投资的投资顾问,但是对前者实行注册制,对后者实行审批制。新制定的《金融商品交易法》吸收《投资顾问业法》后,将全权委托投资业与投资信托委托业等一起归为投资运用业,将全权委托投资业以外的投资顾问业(投资咨询业)、投资顾问与客户之间的中介业务归为投资咨询与代理业,二者均实行注册制。投资运用业与投资咨询与代理业在财务规制和兼业范围上均存在差异,对前者的规制较为严格,对后者的规制则相对宽松。[1]

(二)韩国

在韩国,根据《资本市场法》的规定,投资咨询业仅指针对金融投资商品的价值或者关于金融投资商品的投资判断提供咨询服务的营业。而全权委托投资业是与投资咨询业并列的业务,是指通过投资者的委托授权,

---

〔1〕 参见朱大明、陈宇:《日本金融商品交易法要论》,法律出版社2017年版,第64~65页。

获得对金融投资商品进行投资判断的全部或者部分权利，以及根据投资者的不同需求，取得、处分或者以其他的方法运用金融投资商品的营业。[1]

二、允许投资顾问接受全权委托的立法模式

在比较法上，允许投资顾问从事全权委托投资业务的代表是美国和新加坡。但是，这两个国家在法律上对投资顾问业中的全权委托经营业态都有一定的具体要求。

（一）美国

在美国，当投资顾问接受客户全权委托管理客户的投资账户时，其仍然属于从事投资顾问业务。[2] 美国证券交易委员会在其监管指南中也指出，智能投顾是典型的注册投资顾问，并且可以适用 3a－4 规则。[3] 该规则主要是针对向客户提供全权委托投资咨询服务的方案，提供投资公司定义的安全港规定。也就是说，向客户提供的全权委托投资咨询服务下的方案，如果符合该规则的要求，就不被视为投资公司。具体而言，以投资顾问业务规范智能投顾，要求智能投顾提供的全权委托投资咨询服务方案达到以下五方面的要求：

第一，该方案中每个客户的账户都以客户的财务状况和投资目标为基础进行管理，且与客户对账户管理提出的合理限制条件相一致。

第二，在开设账户之时，从客户处取得与客户财务状况和投资目标相关的信息，并赋予客户对账户管理提出合理限制条件的机会；至少每年与客户联系一次，以确定客户的财务状况或投资计划是否出现变化，以及客

---

〔1〕 韩国《资本市场法》第 6 条。参见《韩国资本市场法》，董新义译，知识产权出版社 2011 年版，第 6～8 页。

〔2〕 参见［美］路易斯·罗思、乔尔·赛里格曼：《美国证券监管法基础》，张路等译，法律出版社 2008 年版，第 655 页。

〔3〕 See SEC, *Guidance Update*: *Robo-Advisers* 1－2 (2017), https://www.sec.gov/files/2017－03/im-guidance－2017－02.pdf.

户是否希望对账户管理提出合理限制条件或对现有限制条件进行合理修改;至少每季度以书面形式通知客户一次,告知客户在其财务状况或投资计划出现变化,或其希望对账户管理提出合理限制条件或对现有限制条件进行合理修改时,联系平台;熟悉客户账户及其管理的人员合理而有效地为客户提供咨询。

第三,每个客户都有能力对客户账户的管理提出合理的限制条件,包括指定不应购买或如果账户已持有时应当卖出的特定证券或证券种类(但并不要求客户有能力要求为账户购买特定证券或证券种类)。

第四,至少每季度向每个客户提供一份陈述,陈述要包含对前段期限内客户账户的所有活动情况的说明,包括代表账户利益进行的所有交易、客户的所有出资和撤资、向账户收取的所有费用和开支以及在该期限的开始和结束时账户的价值。

第五,对于账户中的所有证券和基金,每个客户都如同在方案外持有证券和基金一样,保留相同程度上的如下权利:撤回证券或现金;投票,或授权其他人投票;及时收到每次证券交易的书面确认或其他通知,以及法律要求的向证券持有人提供的所有其他文件;在客户账户中,以证券持有人身份直接起诉证券发行人,且不存在加入介入方案运营的人员或方案的其他客户以作为启动起诉程序前置条件的义务。

可见,在该规则下,所谓全权委托投资咨询服务方案的实质,就是在狭义的投资咨询服务上,又附加了全权委托的账户管理服务。在美国,投资公司是资产管理产品的主要组织形式。[1] 因此,通过以上特征,全权委托账户管理就与投资公司经营模式区别开来,并被视为典型的投资顾问:首先,全权委托账户管理是以客户个人的财务状况和投资目标为基础的,不仅开设账户时需要从客户处取得客户的个人信息,而且在管理的全过程需要持续监控客户个人情况的变化;而投资公司则是向所有的投资者提供统

---

〔1〕 美国的投资公司包括面额证券公司、单位投资信托和管理公司等类型。

一的投资方案,投资者个人情况并不构成投资决策的依据。其次,在全权委托账户管理方案中,客户自始至终具有向账户管理人提出合理限制条件的权利,也就是说,客户保留有对账户投资策略和投资方案的干预权和最终决定权;而投资公司本身享有投资的最终决定权,投资者无权影响投资公司的投资决定。最后,在全权委托账户管理方案中,客户实际上是直接持有账户中的证券和基金,并就这些证券和基金享有直接的权利;而投资公司的投资者已将资金所有权转移给投资公司,并持有投资公司发行的代表投资份额的证券,但其对投资公司所持有的证券和基金不享有任何直接权利。

正因如此,即使投资顾问经常基于投资顾问合同成为某个投资公司事实上的管理人,〔1〕但其本身经营的仍然是投资顾问业务。

(二)新加坡

在新加坡,适用于数字化顾问的相关监管框架取决于数字化顾问的运营模式和具体活动。〔2〕 金融顾问服务的提供由《金融顾问法》规制,数字化顾问执行此类服务需持有金融顾问(Financial Advisor,FA)牌照,除非另有豁免。作为金融顾问的数字化顾问可以开展有限的《证券期货法》之下提供顾问服务的附带活动,而不需要额外的牌照。这些活动主要包括两类,这两类活动的豁免适用于所有金融顾问,即包括数字化顾问和传统金融顾问。

一是数字化顾问为客户提供建议后,协助客户传递他们的买卖订单并交经纪公司执行。将订单交由经纪公司执行,构成《证券期货法》中的资本

---

〔1〕 参见[美]托马斯·李·哈森:《证券法》,张学安等译,中国政法大学出版社2003年版,第822~823页。

〔2〕 See MAS, *Guidelines on Provision of Digital Advisory Services* 6 – 10 (2018), https://www.mas.gov.sg/-/media/MAS/Regulations-and-Financial-Stability/Regulations-Guidance-and-Licensing/Securities-Futures-and-Fund-Management/Guidelines-on-Provision-of-Digital-Advisory-Services--CMGG02.pdf.

市场产品交易。一般来说,协助客户执行买卖指令所带来的风险很低。为了让金融顾问为客户提供更好的服务,作为金融顾问的数字化顾问如果只是协助将客户的买卖订单传递给经纪公司执行,其就被豁免交易资本市场产品的资本市场服务牌照,因为这样的交易附属于他们的金融顾问活动。此外,交易豁免与客户是否接受特定建议无关。例如,如果客户决定的替代产品与数字化顾问的建议和推荐不同,数字化顾问仍可依靠交易豁免为客户执行订单。

二是数字化顾问为客户的投资组合提供再平衡服务,即当投资组合发生偏离时,数字化顾问根据与客户商定的资产配置,再平衡其投资组合,使之符合最新建议的资产配置。这种投资组合的再平衡是自动化的,并定期执行。一般来说,此类投资组合再平衡活动属于《证券期货法》之下的基金管理活动,除获得豁免外,从事此类活动的人员必须持有基金管理的资本市场服务(Capital Market Service,CMS)牌照。而数字化顾问被豁免持有基金管理方面的资本市场服务牌照,以便其开展对只包括上市和未上市的集合投资计划(collective investment schemes)的投资组合进行再平衡活动,这对其业务发展是有好处的。在提供建议时,投资组合再平衡被认为是附带的,因为它仅仅是为了将投资组合调整到客户同意或选择的最新推荐配置,并且投资组合的组成部分没有变化。基金管理豁免的范围仅限于集合投资计划,因为再平衡由单只证券组成的投资组合需要金融顾问就投资哪一种证券向客户提供建议,并为此目的获得客户的同意。依赖基金管理豁免的数字化顾问被要求:(1)确保再平衡活动仅针对包括上市和未上市集合投资计划的投资组合进行。(2)就定期再平衡投资组合的组成单位获得客户一次性的事先书面授权。(3)在获得客户的书面授权之前,以及当以下任何一项发生变更时,就下列事项向客户提供书面披露:再平衡活动的范围,包括再平衡的频率和方法;应付费用和与定期再平衡有关的任何其他重要条款和条件;在进行任何再平衡活动前提供的预先通知期。(4)在每个再平衡交易之前通知客户。

当然,具有金融顾问资格的数字化顾问不被允许处理或控制客户的资产或资金,也不被允许为客户运营综合账户。

除了提供金融顾问服务,一些数字化顾问还提供了一个资本市场产品的执行平台,而不仅仅是将这些订单交给经纪公司执行,这些数字化顾问必须持有资本市场服务牌照,才能从事资本市场产品的交易。除投资组合再平衡之外,一些数字顾问还可以自行决定客户投资组合的管理,此类数字顾问必须持有基金管理方面的资本市场服务牌照。一些数字化顾问可能会选择将面向客户的工具的开发和维护外包给第三方供应商,若第三方供应商未直接为客户开展金融顾问、基金管理服务或从事交易活动,则不要求其获得牌照。

三、小结:两条可选路径

有一种思维惯性,即全权委托必然属于资产管理业务。这种观念,尤其是以狭义资产管理定性全权委托型智能投顾服务,不仅失之偏颇,而且不利于对智能投顾真正的制度需求的理解。要获得对规制智能投顾可选路径的全面认识,需要以更宽广的视野对全权委托业务规制路径的境外经验进行深入的考察。正如前文所介绍的,在比较法上,对于全权委托服务的规制主要有两种路径:一种是将其纳入投资顾问业务,另一种是将其纳入其他业务(如资产管理)。

笔者认为,就全权委托型智能投顾的规制路径而言,无论是将其纳入投资顾问业务,还是纳入资产管理业务进行规制,都是可选项。从美国和新加坡的经验来看,全权委托也可以是典型的投资顾问业务。在美国,全权委托账户管理服务本身就被认为是典型的投资顾问业务,而全权委托账户管理方案正是智能投顾所普遍采用的经营方式。而且如下文将要说到的,对此种规范方案的深入认识,对于我们理解智能投顾在制度方面的真正需求有很大帮助。因此,当我们在进行制度建构时,货架上并不是只有资产管理这一种选择。只不过,在建立智能投顾的监管框架时需要考虑本国的制度环境,来选择合适的规制路径。

第三节　投资顾问路径下的规范方案

一、法律法规

目前,我国基本上将投资咨询/投资顾问定位于只提供投资建议或研究报告的业务,而不能接受客户全权委托,代客户做出决策和执行交易。[1]但是,以自动交易与投资组合再平衡为内容的账户管理服务的一个重要前提,就是客户对智能投顾的全权委托,以及对投资顾问代客户做出决策和执行交易的许可。资产管理业务支持全权委托,一般都是没有问题的,但若想要在投资顾问业务中采用全权委托的运作方式,就需要资本市场高层级立法的支持。但是,我国对全权委托型智能投顾规制路径的选择,事实上受到了法律制度的制约,因为我国现行法律和监管规则事实上禁止在投资顾问业务中的全权委托。

首先,我国《证券法》第161条第1款规定:“证券投资咨询机构及其从业人员从事证券服务业务不得有下列行为:(一)代理委托人从事证券投

---

〔1〕 例如,《证券、期货投资咨询管理暂行办法》第2条第2款规定:“本办法所称证券、期货投资咨询,是指从事证券、期货投资咨询业务的机构及其投资咨询人员以下列形式为证券、期货投资人或者客户提供证券、期货投资分析、预测或者建议等直接或者间接有偿咨询服务的活动:(1)接受投资人或者客户委托,提供证券、期货投资咨询服务;(2)举办有关证券、期货投资咨询的讲座、报告会、分析会等;(3)在报刊上发表证券、期货投资咨询的文章、评论、报告,以及通过电台、电视台等公众传播媒体提供证券、期货投资咨询服务;(4)通过电话、传真、电脑网络等电信设备系统,提供证券、期货投资咨询服务;(5)中国证券监督管理委员会认定的其他形式。”再如,《证券投资顾问业务暂行规定》第2条规定:“本规定所称证券投资顾问业务,是证券投资咨询业务的一种基本形式,指证券公司、证券投资咨询机构接受客户委托,按照约定,向客户提供涉及证券及证券相关产品的投资建议服务,辅助客户作出投资决策,并直接或者间接获取经济利益的经营活动。投资建议服务内容包括投资的品种选择、投资组合以及理财规划建议等。”

资;(二)与委托人约定分享证券投资收益或者分担证券投资损失;(三)买卖本证券投资咨询机构提供服务的证券;(四)法律、行政法规禁止的其他行为。有前款所列行为之一,给投资者造成损失的,应当依法承担赔偿责任。”因此,根据该款第1项的规定,投资咨询机构及其从业人员在从事证券服务业务时不得代理委托人从事证券投资。该款禁止了投资顾问接受客户委托从事证券投资,那么投资顾问在客户的全权委托下从事的交易执行和投资组合再平衡等证券投资活动自然也在禁止之列。

其次,《证券、期货投资咨询管理暂行办法》第24条规定:“证券、期货投资咨询机构及其投资咨询人员,不得从事下列活动:(一)代理投资人从事证券、期货买卖;(二)向投资人承诺证券、期货投资收益;(三)与投资人约定分享投资收益或者分担投资损失;(四)为自己买卖股票及具有股票性质、功能的证券以及期货;(五)利用咨询服务与他人合谋操纵市场或者进行内幕交易;(六)法律、法规、规章所禁止的其他证券、期货欺诈行为。”可见,根据该款第1项的规定,证券、期货投资咨询机构及其投资咨询人员,不得从事代理投资人从事证券、期货买卖的活动。而这些正是智能投顾在获得客户全权委托后,代理客户进行交易执行和投资组合再平衡所必须从事的交易活动。

最后,《证券投资顾问业务暂行规定》第12条第1款规定:“证券公司、证券投资咨询机构向客户提供证券投资顾问服务,应当告知客户下列基本信息:(一)公司名称、地址、联系方式、投诉电话、证券投资咨询业务资格等;(二)证券投资顾问的姓名及其证券投资咨询执业资格编码;(三)证券投资顾问服务的内容和方式;(四)投资决策由客户作出,投资风险由客户承担;(五)证券投资顾问不得代客户作出投资决策。”可见,根据该款第4项、第5项的规定,证券公司、证券投资咨询机构向客户提供证券投资顾问服务,应当告知客户投资决策由客户作出,投资风险由客户承担,证券投资顾问不得代客户作出投资决策。而这些显然都是智能投顾为客户进行投资组合再平衡和执行交易所必须获得的授权。

可见,目前我国法律法规事实上禁止在投资顾问业务中进行全权委托。[1] 因此,若要以投资顾问监管框架规制智能投顾,就必须在我国的高层级立法尤其是《证券法》中,放开对投资顾问接受客户全权委托的限制,允许投资顾问代客户做出投资决策并执行交易。

二、行业规则

在我国,低层级的立法或行业规则是无法突破《证券法》及相关法规对投资顾问全权委托业务的限制的。

比如,2015 年中国证券业协会曾经发布过一个《账户管理业务规则(征求意见稿)》,意图为投资顾问从事账户管理业务提供制度支撑。其中,第 2 条对账户管理业务进行了界定:“本规则所称账户管理业务,是指取得证券投资咨询业务资格并符合本规则条件的机构接受客户委托,就证券、基金、期货及相关金融产品的投资或交易做出价值分析或投资判断,代理客户执行账户投资或交易管理。法律法规另有禁止性规定的,从其规定。”[2]

在业务资质方面,该规则第 6 条对机构资质作出了规定:“开展账户管理业务的机构应具备以下条件:(一)具有证券投资咨询业务资格,注册资本不低于 5000 万元人民币;(二)至少有 10 名取得证券投资咨询从业资格并且具有 2 年以上证券、基金或者期货业务经历的业务人员,高级管理人员符合有关规定;(三)有与开展业务相适应的业务管理、内部控制和投资

---

〔1〕 也有观点认为,我国《证券法》第 161 条仅禁止投资咨询机构及其从业人员从事“投资咨询服务”以外的业务,未明令禁止投资咨询机构依法从事资产管理或相关业务。《证券投资顾问业务暂行规定》第 12 条仅是特别规定了投资顾问的告知义务,并未涉及投资顾问以外的资产管理业务。因此,投资咨询机构和投资顾问可以从事资产管理业务。参见吴烨、叶林:《“智能投顾”的本质及规制路径》,载《法学杂志》2018 年第 5 期。

〔2〕 根据该规则第 12 条的规定,客户应指定独立的账户用于账户管理业务,此账户应与客户的其他账户相互独立。在协议有效期内,未经签约持牌机构同意,客户不得进行转账、取款、资产转移等操作。

者保护制度;(四)有与开展业务相适应的经营场所、业务设施及技术系统;(五)最近3年未因违法违规行为受过刑事处罚或者行政处罚,且不存在因涉嫌违法违规经营正在被立案调查或者正处于整改期间的情形;(六)有关法律法规和协会规定的其他条件。”第7条对人员条件作出了规定:“从事账户管理业务的人员应当取得证券投资咨询从业资格,并在协会注册为投资顾问,且具备一定的证券投资、研究、投资顾问或类似从业经历,具备良好的诚信纪录和职业操守,最近3年未受到刑事处罚或行政处罚。”因此,对于账户管理业务,无论是机构还是其从业人员,都只要求具备证券投资咨询业务或从业资格,并纳入投资咨询业务的管理框架。

业界和学界不少人都认为,如果该业务规则能够正式施行,就能够为投资顾问从事全权委托型智能投顾业务扫除法律障碍。然而,作为证券行业自律组织制定的业务规则,当与《证券法》和证监会规则冲突时必然是无效的,而且该规则第2条本身就有“法律法规另有禁止性规定的,从其规定”的表述。因此,即使该业务规则正式施行,也改变不了投资顾问从事全权委托业务违反《证券法》及相关法规的命运。要使类似该规则中所规制的业务模式能够真正得到实施,对《证券法》及相关监管规则的修订是必要前提。

三、业务牌照

要以投资顾问路径规制智能投顾,意味着相关公司从事的是投资顾问业务,就需要取得相应的行政许可。

我国《证券法》第160条第2款规定:“从事证券投资咨询服务业务,应当经国务院证券监督管理机构核准;未经核准,不得为证券的交易及相关活动提供服务。从事其他证券服务业务,应当报国务院证券监督管理机构和国务院有关主管部门备案。”《证券、期货投资咨询管理暂行办法》第3条第1款规定:“从事证券、期货投资咨询业务,必须依照本办法的规定,取得中国证监会的业务许可。未经中国证监会许可,任何机构和个人均不得从事本办法第二条所列各种形式证券、期货投资咨询业务。”因此,从事投资咨询业务必须要获得中国证监会的许可,也就是要获得相应的投资咨询业务牌照。

在我国,涉及智能投顾业务的主体主要包括传统金融公司、互联网金融公司和第三方机构,其中传统金融公司牌照齐全,但后两类主体中只有少数具备投资咨询业务的牌照。然而,由于证监会已经基本停发第三方投资咨询业务牌照,市场上此类牌照的存量越来越少,已从2004年的108张下降到2021年的83张。[1] 牌照数量的稀少甚至导致出现了“天价”牌照转让,以及牌照出租违法行为等乱象。[2] 有学者对19家较为流行的智能投顾公司进行调查后发现,其中仅有2家持有证券投资咨询牌照。[3] 投资咨询业务牌照停发导致大量互联网金融公司和第三方机构合规不能。在无法获得牌照的情况下,大量智能投顾公司将面临非法经营投资咨询业务的风险,遑论在投资咨询业务中以全权委托模式运营智能投顾。

四、信义规则

由于我国现行法律和监管规则事实上禁止在投资顾问或投资咨询业务中的全权委托,因此相关专门规定中所规范的投资顾问业务都是以单纯的投资建议为服务内容。虽然这些规章、规范性文件中也会针对投资顾问或投资咨询业务建立相应的信义义务规则,但是这些规则主要适用于投资建议活动,专门适用于全权委托投资活动的特殊规则是存在缺失的。

例如,《证券、期货投资咨询管理暂行办法》第19条规定:“证券、期货

---

〔1〕 参见《证券投资咨询机构名录(2021年2月)》,载中国证监会网,http://www.csrc.gov.cn/pub/zjhpublic/G00306205/201510/t20151028_285725.htm。

〔2〕 参见邢会强等:《智能投顾时代的崛起——智能投顾法律问题研究》,中国金融出版社2020年版,第283页。

〔3〕 参见侯东德:《智能理财行业风险的法律应对》,载《政法论丛》2020年第1期。

投资咨询机构及其投资咨询人员，应当以行业公认的谨慎、诚实和勤勉尽责的态度，为投资人或者客户提供证券、期货投资咨询服务。”第20条规定：“证券、期货投资咨询机构及其投资咨询人员，应当完整、客观、准确地运用有关信息、资料向投资人或者客户提供投资分析、预测和建议，不得断章取义地引用或者篡改有关信息、资料；引用有关信息、资料时，应当注明出处和著作权人。”第21条规定：“证券、期货投资咨询机构及其投资咨询人员，不得以虚假信息、市场传言或者内幕信息为依据向投资人或者客户提供投资分析、预测或建议。”第25条规定：“证券、期货投资咨询机构就同一问题向不同客户提供的投资分析、预测或者建议应当一致。具有自营业务的证券经营机构在从事超出本机构范围的证券投资咨询业务时，就同一问题向社会公众和其自营部门提供的咨询意见应当一致，不得为自营业务获利的需要误导社会公众。”可以看到，上述规则所涉及的是仅仅提供投资建议的投资咨询服务。因为其第24条规定的，证券、期货投资咨询机构及其投资咨询人员的禁止从事的活动中就包含“代理投资人从事证券、期货买卖”，所以必然不可能存在针对这方面活动的信义规则。

再如，《证券投资顾问业务暂行规定》虽然在第3条、第4条、第5条概括性地要求投资顾问应当防范利益冲突，忠实客户利益，勤勉、审慎地为客户提供证券投资顾问服务。但是在落实此种信义义务的规则方面，只有针对投资顾问向客户提供投资建议服务所应遵循的具体规则，而没有针对投资顾问接受客户全权委托，代客户作出投资决策、执行交易，以及进行投资组合再平衡过程中所应遵循的具体规则。甚至第12条还要求证券公司、证券投资咨询机构向客户提供证券投资顾问服务，应当告知客户“证券投资顾问不得代客户作出投资决策”。

然而，在对全权委托投资业务的规制问题上，此类信义规则是非常重要的，尤其是针对投资顾问的最佳执行、自营交易和交叉交易等方面的要求。因此，在获得资本市场高层级立法对全权委托型投资顾问的支持后，为落实全权委托投资业务中投资顾问的信义义务，还应当在具体的法规、规章、规范性文件中加入针对这部分业务内容的信义规则。

第四节 资产管理路径下的规范方案

一、全权委托账户管理规范方案

在金融科技创新领域,法律制度的生命力在于对金融服务创新实践的承认、共识和规范化,而非以既有的制度来格式化市场和实践对新型交易模式的需求,这是我们讨论智能投顾的规制问题时应当坚持的逻辑基础。

在我国,资产管理产品根据发行主体的不同,主要有银行、信托、证券、基金、保险等类别。一般认为,各种资产管理产品法律关系的基础大多可以归为信托关系。但是,如果选择将全权委托纳入资产管理业务,那么必须采用全权委托账户管理的规范方案,而不能采用一般的信托型资产管理规范方案,即需要对资产管理通常的运作和监管框架进行相应的调整。如果以"穿透式监管"为名,大而化之地判断全权委托属于资产管理业务,并要求以通常的信托模式进行运作,实际上是以不恰当的法律规则来格式化金融市场的实践需求。穿透式监管要求对本质上相同的事物适用相同的法律规范。然而,如果未能认清智能投顾的全权委托账户管理方案与信托型资产管理方案的区别,将特殊的、创新的经营模式强行定性为一般的、已有的经营模式,则会导致削足适履的效果。

全权委托账户管理的运行逻辑,实际上是由智能投顾直接对每个客户的账户进行管理和操作。就账户产生的投资交易行为而言,法律关系是委托代理,这区别于一般资产管理的信托关系。[1] 如在美国,智能投顾的服务对象主要就是个人投资者,管理的账户类别包括个人一般账户

---

〔1〕 参见姜海燕、吴长风:《智能投顾的发展现状及监管建议》,载《证券市场导报》2016年第12期。

(Individual)、退休账户(Retirement Accounts)、可连接账户(Rollovers)、信托账户(Trust)、传统联合账户(Traditional Joint)、有限责任公司应税账户(LLC Taxable Accounts)。其中,可连接账户包括传统个人退休金账户(Traditional IRA)、罗斯退休金账户(Roth IRA)、应税投资账户(Taxable Investment Accounts)、401(k)账户、简化的雇员养老金退休账户(SEP-IRA)。[1] 智能投顾能够获得3a-4规则对注册为投资公司的豁免,正是因为其服务的每个投资账户都是在真正意义上分开的,而非像投资公司那样将客户资产集中起来管理。[2]

在我国的理财和资管行业中,也存在一些类似这样的根据客户授权,直接操作单个客户账户进行投资交易的业务模式。比如,我国2006年开启的商业银行代客境外理财业务包括理财顾问服务和综合理财服务。其中,综合理财服务是指商业银行通过发售理财产品,集合理财资金,统一代理客户进行境外投资的活动,这是传统的信托型资管产品。而理财顾问服务是指商业银行按照《商业银行个人理财业务管理暂行办法》,向客户提供的顾问咨询、代理操作等服务。在代客境外理财过程中,商业银行可以接受客户(包括机构和个人)的委托,按照客户的授权,操作客户账户,代理客户进行相关的投资活动,投资风险完全由客户承担。[3] 可见,商业银行代客境外理财业务中的理财顾问服务就是一种理财账户管理业务。

再如,2012年《证券公司定向资产管理业务实施细则》中规定的证券公司定向资产管理业务。此种业务具体是指证券公司接受单一客户委托,与客户签订合同,根据合同约定的方式、条件、要求及限制,通过专门账户

---

[1] 参见姜海燕、吴长凤:《智能投顾的发展现状及监管建议》,载《证券市场导报》2016年第12期。

[2] See John Lightbourne, *Algorithms & Fiduciaries: Existing and Proposed Regulatory Approaches to Artificially Intelligent Financial Planners*, 67 Duke Law Journal 651, 669-670 (2017).

[3] 参见《中国银行业监督管理委员会办公厅关于商业银行开展代客境外理财业务有关问题的通知》第5条。

管理客户委托资产的活动。[1] 该业务中，客户委托资产应当是客户合法持有的现金、股票、债券、证券投资基金份额、集合资产管理计划份额、央行票据、短期融资券、资产支持证券、金融衍生品或者中国证监会允许的其他金融资产。[2] 证券公司从事定向资产管理业务，买卖证券交易所的交易品种，应当使用客户的定向资产管理专用证券账户（以下简称专用证券账户）；买卖证券交易所以外的交易品种，应当按照有关规定开立相应账户。专用证券账户和相应账户内的资产归客户所有。专用证券账户名称为"客户名称"。证券登记结算机构应当对专用证券账户进行标识，表明该账户为客户委托证券公司办理定向资产管理业务的专用证券账户。[3] 专用证券账户应当以客户名义开立，客户也可以申请将其普通证券账户转换为专用证券账户。[4] 但是，随着《证券期货经营机构私募资产管理业务管理办法》于2018年10月22日起施行，《证券公司定向资产管理业务实施细则》同时被废止。新实施的管理办法中已经没有了此种账户管理业务，其中规定的私募资产管理业务所采用的是信托型资产管理计划模式。

值得注意的是，过去的此类理财账户管理业务，包括面向单一客户的资产管理业务，主要面向的都是高端客户，要求客户单笔委托的初始资产规模从100万元到3000万元不等，因而有较高的客户投资门槛。而与之不同的是，智能投顾从诞生之初就是为了降低投资顾问服务的获取门槛，使普通人也能够获得以前只有高净值人士才能享受的全权委托账户管理服务，因而具有特别的意义。

二、全权委托账户管理与信托型资管产品的区别

与信托型资产管理产品相比，全权委托账户管理业务的受托资产范围

---

〔1〕 参见《证券公司定向资产管理业务实施细则》第2条。

〔2〕 参见《证券公司定向资产管理业务实施细则》第14条。

〔3〕 参见《证券公司定向资产管理业务实施细则》第19条。

〔4〕 参见《证券公司定向资产管理业务实施细则》第20条。

更小、管理方式更少,主要是对客户(个人或机构)的资金和证券账户直接进行管理,营运者依据合同的约定直接操作客户独立的账户,而并非以建立资金池集合多人账户、资产签订专项管理合同中的信托方式或者证券投资基金中的信托方式进行资产管理的模式。[1] 在全权委托账户管理中,每个客户仍然都是账户的直接持有者,并对账户中持有的证券和基金等资产享有直接的权利;客户不仅对初始投资方案有选择权,在后续账户投资过程中也随时可以介入,享有要求改变投资方案的权利。而在信托型资产管理中,客户资金转移并形成独立的信托财产后,其对信托财产所投资的资产不享有任何直接权利,管理人根据信托目的独立行使投资决策权,客户对管理人的投资决定无权干涉。

在美国,全权委托账户管理业务与信托型资产管理业务的区别,就体现在相关业务是否需要注册为投资公司。如前所述,其判断关键在于相关业务模式是否满足3a－4 规则的条件。智能投顾是否有资格获得3a－4 规则提供的安全港,取决于智能投顾如何管理其客户的账户。3a－4 规则豁免了根据客户的财务状况和投资目标单独管理客户账户的公司。鉴于投资公司通常将客户资产集中起来管理,个人管理和集中资产管理之间的区别是很重要的。美国证券交易委员会表示,未将客户资产集中起来的咨询公司不应被归类为投资公司,如果"客户在其账户中保留证券所有权的所有标记",资产就没有集中起来。[2] 对于大多数智能投顾而言,这个标准很容易实现,因为客户账户是独立的,智能投顾为每个独立的账户提供个性化的建议,因此智能投顾不需要注册为投资公司。[3]

如前所述,在我国,有观点主张智能投顾的本质功能是资产管理,并

---

〔1〕 参见李晴:《互联网证券智能化方向:智能投顾的法律关系、风险与监管》,载《上海金融》2016 年第 11 期。

〔2〕 See Status of Investment Advisory Programs, Investment Company Act Release No. 21 (July 27, 1995).

〔3〕 参见[美]约翰·莱特伯恩:《算法与受托人:对人工智能理财规划师现有和拟议的监管方法》,李诗鸿译,缪因知校,载彭冰主编:《金融法苑》第 99 辑,中国金融出版社 2019 年版,第 256 页。

以信托和资金池的形式来界定智能投顾的运营模式。此种理解显然与智能投顾的全权委托账户管理运营模式有一定偏差。事实上,资金池正是市场对智能投顾运营风险来源的担心之一,[1]是其应当极力避免的。在美国,也有人主张智能投顾应当以共同基金的方式来运作。但是,如果智能投顾是以资金池的方式来运作,并且以共同基金的方式来对智能投顾进行监管,实际上将会扼杀智能投顾的发展环境,智能投顾也无法发挥自己对市场的有益作用。[2] 智能投顾需要基于客户填写的在线问卷来给出投资组合建议,而如果其将客户资金集合起来进行投资,实际上就没有针对单个客户的投资组合分析,因而,其也就无法确保投资建议对每个客户都是适合的。[3] 此外,如果要求智能投顾注册为共同基金,那么,一方面,其合规成本将上升,这些成本将被转嫁给投资者,[4]这是不必要的;另一方面,其运营模式也会与市场的需求相距甚远,而这就是市场所不需要的。

无论是以狭义的投资咨询业务范围来限制全权委托型智能投顾的发展,还是要求以一般的信托型资产管理方案规制全权委托型智能投顾,都属于以不恰当的制度来格式化市场实践发展的需求。对金融科技创新进行规范需要立法者和监管者保持与时俱进的态度,真正理解市场上新事物的运行逻辑,以适当的规制路径和规范方案促进其健康、有序发展。

---

〔1〕 参见李晴:《智能投顾的风险分析及法律规制路径》,载《南方金融》2017 年第 4 期。

〔2〕 See Bret E. Strzelczyk, *Rise of the Machines: The Legal Implications for Investor Protection with the Rise of Robo-Advisors*, 16 DePaul Business & Commercial Law Journal 54, 67 (2017).

〔3〕 See Andrew Shilling, *No, Robos Still Can't Act as Fiduciaries, Attorney Contends* (2016), https://www.financial-planning.com/news/no-robos-still-cant-act-as-fiduciaries-attorney-contends.

〔4〕 See Bret E. Strzelczyk, *Rise of the Machines: The Legal Implications for Investor Protection with the Rise of Robo-Advisors*, 16 DePaul Business & Commercial Law Journal 54, 73, 82 (2017).

第五节　我国对智能投顾的规制框架

一、"资管意见"征求意见稿及评论

2017年11月发布的"资管意见"征求意见稿第22条第1款规定，金融机构运用人工智能技术、采用机器人投资顾问开展资产管理业务应当经金融监督管理部门许可，取得相应的投资顾问资质，充分披露信息，报备智能投顾模型的主要参数以及资产配置的主要逻辑。

第2款规定，金融机构运用智能投顾开展资产管理业务应当严格遵守本意见有关投资者适当性、投资范围、信息披露、风险隔离等一般性规定，并根据智能投顾的业务特点，建立合理的投资策略和算法模型，充分提示智能投顾算法的固有缺陷和使用风险，为投资者单设智能投顾账户，明晰交易流程，强化留痕管理，严格监控智能投顾的交易头寸、风险限额、交易种类、价格权限等。

第3款规定，金融机构委托外部机构开发智能投顾算法，应当要求开发机构根据不同产品投资策略研发对应的智能投顾算法，避免算法同质化加剧投资行为的顺周期性。金融机构应当针对由此引发的市场波动风险制定应对预案。因算法同质化、编程设计错误、对数据利用深度不够等智能投顾算法模型缺陷或者系统异常，导致"羊群效应"、影响金融市场稳定运行的，金融机构应当采取人工干预措施，强制调整或者终止智能投顾业务。

第4款规定，金融机构应当依法合规开展人工智能业务，不得借助智能投顾夸大宣传资产管理产品或者误导投资者，并切实履行对智能投顾资产管理业务的管理职责，因违法违规或者管理不当造成投资者损失的，应当承担相应的损害赔偿责任。开发机构应当诚实尽责、合理研发智能投顾

算法,保证客户和投资者的数据安全,不得使用恶意代码损害投资者利益,如存在过错,金融机构有权向开发机构进行损失追偿或者要求承担相应的责任。

从条文的整体内容来看,征求意见稿似乎是想将金融机构开展的智能投顾业务定性为资产管理,但要求取得投资顾问资质。除非我国的投资顾问可以从事资产管理业务,否则这一规定在规制逻辑上就是矛盾的。而事实上,我国的投资咨询牌照确实不包含资产管理的业务资质。该条文征求意见稿阶段在业务性质上将智能投顾的业务性质定性为我国传统上可以进行全权委托的资产管理业务,但是在牌照要求上又试图直接借鉴典型的投资顾问牌照,而忽视了我国投资顾问(投资咨询)难以涵盖全权委托业务的现实,因而造成了矛盾。

二、“资管意见”正式发布稿及评论

2018 年 4 月 27 日发布的“资管意见”正式稿第 23 条第 1 款规定,运用人工智能技术开展投资顾问业务应当取得投资顾问资质,非金融机构不得借助智能投资顾问超范围经营或者变相开展资产管理业务。

第 2 款规定,金融机构运用人工智能技术开展资产管理业务应当严格遵守本意见有关投资者适当性、投资范围、信息披露、风险隔离等一般性规定,不得借助人工智能业务夸大宣传资产管理产品或者误导投资者。金融机构应当向金融监督管理部门报备人工智能模型的主要参数以及资产配置的主要逻辑,为投资者单独设立智能管理账户,充分提示人工智能算法的固有缺陷和使用风险,明晰交易流程,强化留痕管理,严格监控智能管理账户的交易头寸、风险限额、交易种类、价格权限等。金融机构因违法违规或者管理不当造成投资者损失的,应当依法承担损害赔偿责任。

第 3 款规定,金融机构应当根据不同产品投资策略研发对应的人工智能算法或者程序化交易,避免算法同质化加剧投资行为的顺周期性,并针

对由此可能引发的市场波动风险制定应对预案。因算法同质化、编程设计错误、对数据利用深度不够等人工智能算法模型缺陷或者系统异常,导致“羊群效应”、影响金融市场稳定运行的,金融机构应当及时采取人工干预措施,强制调整或者终止人工智能业务。

中国人民银行有关负责人在就“资管意见”答记者问时指出:金融科技的发展正在深刻改变金融业的服务方式,在资管领域就突出体现在智能投资顾问。近年来,智能投资顾问在美国市场快速崛起,在国内也发展迅速,目前已有数十家机构推出该项业务。但运用人工智能技术开展投资顾问、资管等业务,由于服务对象多为长尾客户,风险承受能力较低,如果投资者适当性管理、风险提示不到位,容易引发不稳定事件。而且,算法同质化可能引发顺周期高频交易,加剧市场波动,算法的“黑箱属性”还可能使其成为规避监管的工具,技术局限、网络安全等风险也不容忽视。为此,“资管意见”从前瞻性角度,区分金融机构运用人工智能技术开展投资顾问和资管业务两种情形,分别进行了规范。一方面,取得投资顾问资质的机构在具备相应技术条件的情况下,可以运用人工智能技术开展投资顾问业务,非金融机构不得借助智能投资顾问超范围经营或变相开展资管业务。另一方面,金融机构运用人工智能技术开展资管业务,不得夸大宣传或误导投资者,应当报备模型主要参数及资产配置主要逻辑,明晰交易流程,强化留痕管理,避免算法同质化,因算法模型缺陷或信息系统异常引发“羊群效应”时,应当强制人工介入。[1]

中国人民银行答记者问中对该条文的说明在表述上似乎有一些瑕疵。确实,第 1 款和第 2 款区分了运用人工智能技术开展投资顾问业务和资产管理业务两种情形而分别加以规定,但是第 1 款中的投资顾问业务并非限

---

〔1〕 参见《中国人民银行有关负责人就〈关于规范金融机构资产管理业务的指导意见〉答记者问》,载中国人民银行网 2018 年 4 月 27 日,http://www.pbc.gov.cn/goutongjiaoliu/113456/113469/3529603/index.html。

定只有金融机构才能开展。该款后半句“非金融机构不得借助智能投资顾问超范围经营或者变相开展资产管理业务”也从侧面印证了这一点。因此,更准确的解读应当是,该条区分了运用人工智能技术开展投资顾问业务和资产管理业务两种情形,其中投资顾问业务金融机构和非金融机构都可以开展,而资产管理业务只有金融机构才可以开展。

该条文值得讨论的另一个问题是,第 1 款中“投资顾问业务”和“投资顾问资质”的内涵究竟是什么。“投资顾问业务”是否包括全权委托账户管理业务,“投资顾问资质”是否就是已有的证券投资咨询牌照,还是会新增一种投资顾问牌照?[1]我国《证券法》第 161 条第 1 款禁止证券投资咨询机构及其从业人员代理委托人从事证券投资,《证券、期货投资咨询管理暂行办法》第 24 条禁止证券、期货投资咨询机构及其投资咨询人员代理投资人从事证券、期货买卖。这会构成在投资咨询业务中提供全权委托账户管理服务的障碍。当然,我们可以说这两条规定所称的是“证券投资咨询”,而非“资管意见”中所说的“投资顾问”。但是《证券投资顾问业务暂行规定》第 12 条第 1 款同样要求证券投资顾问不得代客户作出投资决策。而且,该规定第 2 条明确了投资顾问业务的属性:“本规定所称证券投资顾问业务,是证券投资咨询业务的一种基本形式,指证券公司、证券投资咨询机构接受客户委托,按照约定,向客户提供涉及证券及证券相关产品的投资建议服务,辅助客户作出投资决策,并直接或者间接获取经济利益的经营活动。投资建议服务内容包括投资的品种选择、投资组合以及理财规划建议等。”可见,按照目前的规定,投资顾问业务只包含纯粹的投资建议服务,并不包括全权委托账户管理。如果要新增一种可以涵盖全权委托账户管理业务的投资顾问牌照,可能需要对现有的法律法规进行全面修改,而

---

〔1〕 有学者认为,“资管意见”是向市场做出了承诺,要给一张叫作投资顾问的新牌照。参见柳玲:《智能投顾的发展路径和合规思考》,载洪艳蓉主编:《金融法苑》第 97 辑,中国金融出版社 2018 年版,第 60 页。相似观点,参见邢会强等:《智能投顾时代的崛起——智能投顾法律问题研究》,中国金融出版社 2020 年版,第 300 页。

几个监管机构可能并不会试图通过一个“资管意见”来达到这个目的。

因此,比较合理的解释是,“资管意见”第 23 条第 1 款实际上是对投资建议型智能投顾作出了规定,并将其纳入投资顾问/投资咨询的规制框架,具备投资顾问资质的金融机构和非金融机构都可以开展此项业务。而第 23 条第 2 款实际上是对全权委托型智能投顾做出了规定,并将其纳入资产管理的规制框架,只有具备资产管理资质的金融机构才能开展此项业务。

针对全权委托型智能投顾,“资管意见”要求金融机构为投资者单独设立智能管理账户,所采用的是全权委托账户管理的规范模式,这是值得肯定的。但该条文还存在一个问题,其第 2 款规定,金融机构运用人工智能技术开展资产管理业务应当严格遵守本意见有关投资者适当性、投资范围、信息披露、风险隔离等一般性规定。一方面,“资管意见”与这四个方面内容相关的规则散见于各处,而且有些是强相关,有些是弱相关;有些是直接相关,有些是间接相关;究竟哪些规则对于智能投顾业务而言必须遵守,并不明确。另一方面,整个“资管意见”的内容都是围绕金融机构的资产管理产品(尤其是信托型资管产品)而建立的,这些规定严格来说都难以适用于智能投顾的全权委托账户管理业务。因此,出于这两方面的原因,很可能会导致智能投顾从业者在相关规定的解释和适用上无所适从。

第三章 智能投顾的业务模式及其重塑

第一节 面向客户与面向机构的工具

一、广义的智能投顾

正如机构也会聘请投资顾问一样,机构也会运用智能工具,而且比客户有机会使用智能工具要早得多。数字化投资咨询工具的兴起,并不意味着人类投资顾问将停止为客户服务,但竞争压力将促使人类投资顾问采用这些工具来提供服务。[1] 例如在美国,金融专业人士使用数字化投资咨询工具已有多年。在投资顾问行业价值链上的每一环,这些工具都可以对金融专业人士起到辅助作用。例如,建立投资者档案,准备建议和销售材料,形成资产配置建议或向投资者推荐特定证券。此外,数字化工具可以帮助形成建议,定期重新平衡投资者的投资组合,或支持税金损失收割。金融专业人士使用的工具可能是由他们的公司开发的,从他们公司的第三方供应商获得的,或者在某些情况下由金融专业人士自己获取的。2008 年金融危机之后,该行业的一些新进入者开始直接向客户提供广泛的数字化金融

---

〔1〕 See Benjamin P. Edwards, *The Rise of Automated Investment Advice*: *Can Robo-Advisers Rescue the Retail Market*, 93 Chicago-Kent Law Review 97, 106 (2018).

工具,包括投资顾问工具。这些公司中有许多是根植于科技行业的,他们为科技在金融服务中的作用带来了新的视角。这些公司开发的面向客户的数字化投资顾问工具,提供了以前只有金融专业人士可用的功能。对于此种发展趋势,证券业参与者也都用自己的数字化投资咨询策略来回应。一些参与者正在开发或获取面向客户的投资咨询工具,而另一些人正在开发或获取面向金融专业人士的工具,以增强他们为客户服务和更有效地竞争的能力。[1]

就广义上而言,“智能投顾”涵盖了范围广泛的服务和商业模式,但它们都使用专有算法以数字化形式来提供投资建议。[2] 在此意义上,智能投顾平台既可以面向行业机构,也可以面向投资者,用户包括投资顾问、没有投资顾问的投资者以及与投资顾问合作的投资者等。金融行业已经使用数字工具多年,他们可以让数字平台减轻他们的工作量,并专注于他们能带来独特价值的事情,如建立关系、建立信任,以及为客户提供指导;也可以利用数字工具来充分了解客户,并提供更好的服务。[3] 只是对于并非完全面向投资者的数字工具而言,其仍然从属于人类投资顾问所提供的服务,是人类投资顾问在其所提供服务的部分环节上所使用的辅助工具。因此,客户对此种投资顾问服务的获取仍然受制于人类顾问的数量,投资顾问服务的门槛仍然较高。而面向投资者,直接为投资者所使用的智能投顾平台则改变了这一切。更少的人工介入意味着更低的人力成本,并且意味着更低的服务门槛和费用。投资者直接使用数字工具,则意味着其他因素(如人类投资顾问的利益冲突)对投资过程的更少干扰。

---

〔1〕 See FINRA, *Report on Digital Investment Advice* 2 – 3 (2016), http://www.finra.org/sites/default/files/digital-investment-advice-report.pdf.

〔2〕 See SEC, *Investor Bulletin: Robo-Advisers* (2017), https://www.sec.gov/oiea/investor-alerts-bulletins/ib_robo-advisers.html.

〔3〕 See Nicole G. Iannarone, *Computer as Confidant Digital Investment Advice and the Fiduciary Standard*, 93 Chicago-Kent Law Review 141, 149 – 150 (2018).

二、买方工具与卖方工具的区别

客户一定是买方,其直接使用的智能工具就是买方工具。机构有时候是卖方,有时候是买方。但是当其向客户销售金融产品或服务时,是处于卖方的位置的,其所使用的是卖方工具,两种工具在实际运用中有一定差别。

如前所述,人们会以面向客户的工具与面向金融专业人士的工具来对自动化工具进行区分。这些智能工具通常使用自动化流程来传递建议,面向客户的智能投顾会直接与投资者沟通,而更传统的自动化工具则直接与作为金融专业人士的人类投资顾问沟通。[1] 一般来说,面向金融专业人士的工具可以用来收集客户的广泛信息。一些工具使金融专业人士能够收集客户的整体投资组合信息,而不是单一的账户信息、配偶的账户信息、退休收入等,以及能够收集关于客户财务状况的更详细的信息。最重要的是,金融专业人士可以向客户提问,以收集补充信息,并对客户的需求有更深入的理解。当然,这种有效性在很大程度上取决于金融专业人士的技能。相比之下,面向客户的工具依赖于一组离散的问题来进行客户画像。这些工具通常会问 4 ~ 12 个问题,一般分为五大类,包括个人信息、财务信息、投资目标、时间范围和风险承受能力。[2] 这是在输入端的区别。而在输出端,对于并非由客户直接使用的自动化工具而言,实际上是由金融专业人士首先接收工具输出的信息。在其对这些信息进行处理后,或者基于各种信息做出建议后,再将这些信息或建议传递给投资者。

在投资建议环节,许多智能投顾公司根据投资者画像,将其与预先打包的证券组合进行匹配,即保守的投资者对应保守的投资组合,激进的投

〔1〕 See Tom Baker & Benedict Dellaert, *Regulating Robo Advice across the Financial Services Industry*, 103 Iowa Law Review 713, 739 (2018).

〔2〕 See FINRA, *Report on Digital Investment Advice* 9 (2016), http://www.finra.org/sites/default/files/digital-investment-advice-report.pdf.

资者对应激进的投资组合。在这种情况下,决定一个投资组合的哪些特征适合某个特定的投资者是极其重要的。而投资组合的构建可能会引发对利益冲突的担忧,包括员工与客户的利益冲突,以及公司与客户的利益冲突。纯粹面向客户的智能投顾消除了上述第一个利益冲突,因为金融专业人士并不参与咨询过程。而混合智能投顾——其中包含了金融专业人士在提供建议方面的角色——则可能会面临这些冲突,这取决于金融专业人士的激励结构。然而,对于面向金融专业人士和面向客户的工具而言,公司与客户之间的利益冲突可能仍然存在。例如,如果一家智能投顾公司从关联公司提供产品或服务,或从产品或服务提供商获得报酬或其他利益,[1]此时在智能投顾公司与客户之间就会存在非常显著的利益冲突。

可见,在客户运用智能投顾的场合,与客户聘用人类投资顾问的场合可能有一些类似的地方。当智能投顾是由金融产品的卖方机构提供的时候,因为智能投顾程序也是作为卖方(或者其关联公司是卖方)的机构设计的,当机构将程序设定偏向卖方利益时,就相当于是人类投资顾问在自己所用的智能工具输出结果之外添加了额外的信息,再传送给客户。此时,即使客户形式上是在直接使用智能投顾,智能投顾在形式上也是一种买方工具,但实际上其已经变成了一种卖方工具。此种卖方工具并不是为了作为买方的客户的最大利益行事,而是加入了对卖方机构利益的考量。

第二节 作为买方投顾的智能投顾

一、智能投顾是面向客户的工具

虽然机构很早就开始运用智能工具来帮助自己提供相关服务,但是直

---

[1] See FINRA, *Report on Digital Investment Advice* 6 (2016), http://www.finra.org/sites/default/files/digital-investment-advice-report.pdf.

到此种智能工具直接为作为买方的客户所使用时,才产生了所谓的智能投顾。在世界范围内诸多监管组织或机构的官方文件中,均对面向投资顾问与面向客户的投资工具进行区分。它们认为,只有面向客户的投资工具才能被称为严格意义上的智能投顾。

欧洲监管机构联合委员会在其发布的《关于金融咨询自动化的讨论文件》中指出,当运用自动化的金融咨询工具时,客户是通过对自动化程序的直接使用来取代人工介入。智能投顾作为一种自动化的金融咨询工具,其主要特征之一就是直接由客户使用,客户将其用于获取买卖金融产品或服务的建议,在这一过程中,不需要或只需要非常有限的人工介入。当使用智能投顾时,人工介入被客户直接访问的自动化过程所取代。因此,智能投顾是面向客户的工具(consumer-facing tools),而不是面向投资顾问的工具(advisor-facing tools),后者如人类投资顾问在提供咨询过程中运用的信息技术工具。[1]

根据美国金融业监管局发布的《关于数字化投资咨询的报告》,数字化投资咨询工具是指在管理投资者的投资组合中支持包括客户画像、资产配置、投资组合选择、交易执行、投资组合再平衡、税金损失收割和投资组合分析在内的一个或多个核心活动的投资咨询工具。这些投资咨询工具可以被区分为两类:一种是金融专业人士使用的工具,即"面向金融专业人士的"(financial professional-facing)工具;另一种是客户使用的工具,即"面向客户的"(client-facing)工具。而只有支持上述前6项活动的面向客户的投资咨询工具,才被称为智能投顾。[2] 有美国监管人士指出,在大多数情况下,智能投顾和传统的人类投资顾问其实是使用相同的技术工具来提供服

〔1〕 See ESAs, *Joint Committee Discussion Paper on Automation in Financial Advice* 12 (2015), http://www.eba.europa.eu/documents/10180/1299866/JC + 2015 + 080 + Discussion + Paper + on + automation + in + financial + advice.pdf.

〔2〕 See FINRA, *Report on Digital Investment Advice* 2 (2016), http://www.finra.org/sites/default/files/digital-investment-advice-report.pdf.

务,主要的区别是智能投顾让它们的工具直接提供服务给投资者,而不是通过人类的销售人员,而这正是金融业监管局所定义的“数字化投资咨询工具”与“智能投顾”两个概念之间的区别。[1]

根据新加坡金融管理局发布的《关于提供数字化顾问服务的指引》,智能投顾是通过客户对基于算法的自动化系统的直接使用来提供关于投资产品的咨询服务,只有很少或没有与人类顾问的互动,此即“面向客户的工具”(client-facing tools)。而与之相对的,传统的金融顾问可能依靠类似的基于算法的工具在后台帮助其向客户提供咨询和服务。[2]

可见,上述自动化金融咨询工具、数字化投资咨询工具、数字化顾问等概念均包含面向投资顾问的工具与面向客户的工具,但是其中只有面向客户的工具才是通常所称的智能投顾。与卖方机构相对应,客户处于买方的地位。因此,与面向卖方机构的卖方投顾相对应,面向客户的智能投顾应当是一种买方投顾。

二、智能投顾的应然形态:买方投顾

在现实中,智能投顾直接面向作为资产买方的客户,提供投资顾问服务并收取费用。在客户全权委托智能投顾公司管理自己的投资账户时,除给出根据客户画像做出的投资建议外,智能投顾公司还可以根据客户的授权对客户的投资账户进行操作,从而提供交易代执行服务。也就是说,在客户认可其给出的投资方案建议的情况下,直接操作客户投资账户进行相关交易,完成投资组合的建立工作。此外,在初始投资组合建立以后,客户

〔1〕 See Andrea L. Seidt, Noula Zaharis & Charles Jarrett, *Paying Attention to That Man behind the Curtain: State Securities Regulators' Early Conversations with Robo-Advisers*, 50 University of Toledo Law Review 501, 503 (2019).

〔2〕 See MAS, *Guidelines on Provision of Digital Advisory Services* 3 (2018), https://www.mas.gov.sg/-/media/MAS/Regulations-and-Financial-Stability/Regulations-Guidance-and-Licensing/Securities-Futures-and-Fund-Management/Guidelines-on-Provision-of-Digital-Advisory-Services--CMGG02.pdf.

的个人情况、理财目标可能会发生变化，市场状况也在不断改变。智能投顾还会追踪这些新的情况，根据客户的全权委托，提供后续的投资组合的自动再平衡服务，以使客户投资账户内的资产配置与这些新的情况相适应。智能投顾从诞生之日起，便将服务对象定位于广大中低端投资者群体，属于以低投资门槛和低投资顾问费为核心价值的一类买方投顾。这样的运营模式是投资服务行业步入成熟发展阶段，以及相关法律能很好支撑此类业务的产物。买方投顾和卖方投顾在法律上的重大区别在于其承担信义义务的对象。在买方投顾的情形下，智能投顾直接服务于个人投资者，向其承担信义义务，根据个人投资者的财务状况和投资目标提供投资组合方案和再平衡服务。而在卖方投顾的情形下，智能投顾实际上是服务于基金公司，并向其承担信义义务，以基金公司的利润最大化来提供投资建议，而购买产品的投资者的具体情况和个人要求并不是其首要考虑。

投资顾问行业由卖方投顾模式发展到买方投顾模式往往需要一个过程，对美国投资顾问市场发展历史的考察则可以让我们对这个转变过程有一个直观的认识。1940～1980年，美国的投资顾问业务较为传统，从业者主要赚取客户交易的佣金与客户购买产品的提成，因此行业内多方利益并不完全一致。市场上主流的基金销售模式还是卖方投顾模式，这是一种投资顾问通过销售基金从而向基金公司收取固定佣金的通道业务模式。投资者向基金公司支付基金申购费、管理费等费用，基金公司则从中抽出部分费用作为销售佣金给投资顾问。当时的大多数投资顾问事实上充当了基金销售的推介人，与基金公司构成了利益共同体。在传统模式下，银行等金融机构为了销售更多产品以赚取佣金，将推销的压力施加于理财顾问，使得许多资深的理财顾问倍感煎熬。于是，在1980年之后，大量资深的理财顾问纷纷创办自己的理财工作室，他们不再赚取产品的代销费用，而是根据客户的资产规模直接向客户收取咨询服务费——买方投资顾问就此诞生。[1] 投资顾问通过深化投资建议服务内容,延伸到各类金融产品选择、理财规划以及全方位的资产配置建议,从而逐渐摆脱了对经纪佣金的依赖。[2] 在这种买方投顾模式下,投资者直接向投资顾问支付投资顾问费,投资顾问也直接为投资者的最大利益提供相关服务。随着财富管理行业的兴起,买方投顾进而成为美国家庭财富管理最重要的金融服务渠道之一。从卖方投顾模式向买方投顾模式的转变,使得财富管理公司、投资顾问和投资者三者利益达成统一。[3] 2006 年,时任美国总统布什签署发布了《养老金保护法案》,该法案规定雇员自动加入 401(K)退休储蓄计划账户。401(K)账户资金是以追求长期投资为主的免税资金,这产生了大量的中低端的投资顾问服务需求。2008 年,Betterment 公司在美国成立,并将自己宣传为提供普惠型投资顾问服务的金融科技公司,随后一大批智能投顾公司如雨后春笋般发展起来。以 Betterment 公司为例,其业务模式是通过为投资者个性化配置 ETF 指数基金的方式进行投资理财,并收取 0.25% 到 0.40% 不等的投资顾问费。相比提供类似服务的传统资产管理公司而言,智能投顾公司不再单独收取除投资顾问费之外的其他费用,如 ETF 基金的申购和赎回费。这些智能投顾公司通过在线化、程序化的投资顾问模式极大降低了业务成本,这也是其得以蓬勃发展的重要原因。

此外,还有必要将智能投顾区别于资产管理产品管理人[4]使用的智能工具。此种智能工具实际上是以资产管理公司对产品的设想来提供投资方案,甚至有可能由于资产管理公司产品销售或刚兑的要求,而设计符合其利益但不符合投资者利益的人工智能程序。比如,将人工智能程序设定为,如果该公司某只资产管理产品的收益率不达预期,则在该产品兑付

---

[1] 参见钟宁桦、钱一蕾、解咪主编:《智能投顾前瞻》,北京大学出版社 2020 年版,第 5 页。

[2] 参见孟繁永:《美国证券投资顾问服务市场发展及借鉴》,载《证券市场导报》2012 年第 10 期。

[3] 参见戴叙贤:《美国投资顾问模式对国内财富管理的启示及建议——以美国〈投资顾问法〉为视角》,载《银行家》2020 年第 12 期。

[4] 在投资顾问可以从事全权委托业务的情况下,也可能由投资顾问担任。

期前，让该公司管理的收益较好的其他产品与这只产品进行内部交易，从而互相调节收益到预期收益的水平。[1] 由于此种投顾并非面向客户的投顾，不对客户承担信义义务，因此，其投资逻辑事实上会损害客户的利益，且客户对此种投顾的决策过程没有任何干预权。可见，两种投顾在其运作方式和法律关系上都存在根本性的差异。

从监管机构对智能投顾及其相关概念的界定，以及智能投顾市场的产生、发展和实际运行状况，我们可以总结出与其有关的几项重要特征：第一，智能投顾产生的动因是降低投资顾问的费用，让普通人在个人理财中也能用得起投资顾问。因此运用人工智能算法程序替代人类投资顾问的分析，向客户提供在线的数字化理财服务。它旨在替代的是投资顾问提供的服务，而非替代投资公司提供的资产管理产品。第二，智能投顾是一种面向客户的工具，只有直接为投资者所用，以投资者利益最大化为目的的智能投资工具，才称得上是智能投顾。当人工智能理财程序事实上以基金公司的产品销售佣金最大化为取向，或者投资者购买机构发行的运用人工智能配置的资产管理产品时，并不属于运用智能投顾。第三，智能投顾是一种非常个性化的投资服务工具，需要对服务的每个投资者进行客户画像，并据此来给出资产配置和投资组合建议。而机构发行的人工智能配置的资产管理产品，对持有份额的所有投资者实际上给出的是统一的投资方案，因而并不属于智能投顾。第四，智能投顾提供的是一种全流程的自动化理财服务，除资产配置和投资组合建议外，尚包括交易代执行和投资组合再平衡等功能，因此必须获得客户对全权委托账户管理的授权。在全权委托智能投顾对账户进行管理的情况下，客户仍然是账户的直接持有人，并未完全让渡对账户投资策略的合理限制、干预和最终决定的权利。而在购买资产管理产品的情况下，客户只持有代表产品权益份额的证券，对产品对外投资的策略没有干预的权利。

---

〔1〕 参见钟维：《资金池理财产品的法律规制》，载《银行家》2018 年第 4 期。

根据这些特征,智能投顾实质上就是一种运用人工智能,包含投资建议、交易代执行和投资组合再平衡等功能的买方投顾。

第三节　作为卖方投顾的智能投顾

一、智能投顾形态的异化:卖方投顾与利益冲突问题

买方投顾与卖方投顾最直观的差别,就是在买方投顾的情况下,客户直接支付投资顾问咨询费,就像支付律师咨询费一样;而在卖方投顾的情况下,客户做任何投资咨询,都无须付费,投资顾问主要靠从理财产品供应方(发行方)返佣获取报酬。我国投资顾问服务市场起步较晚,目前主要体现为卖方投顾市场。[1] 这种卖方投顾是以推荐购买基金公司产品赚取销售提成,而非收取投资顾问费为经营模式的投资顾问,以基金公司的利益而非投资者的利益为导向。卖方投顾关心基金产品的销量,而较少关心投资者的投资收益,很大程度上充当了基金公司的产品推介和销售渠道。作为一种金融创新与人工智能技术发展相结合的产物,智能投顾在我国也呈现卖方投顾的形态,具体表现为实践中运行的作为基金销售渠道的卖方投顾。

笔者对国内某款智能投顾(以下简称"X 理财")进行了考察,"X 理财"是一款定位智能投顾应用场景的线上理财工具,其运营模式在国内的第三方智能投顾中非常具有典型性。它的线上运营公司为一家从事电子交易自助前台系统设计与开发工作的程序运营公司。投资者在"X 理财"开设账户时,是与某保险代理公司在线签订基金电子交易远程服务协议、委托支付协议等协议。在两份协议中,前者允许投资者使用其提供的电子

---

〔1〕 参见李劲松、刘涌:《智能投顾:开启财富管理新时代》,机械工业出版社 2018 年版,第 116 页。

交易自助前台系统，从第三方基金公司处申购基金产品；后者则授权保险代理公司在投资者的申购指令下，向银行等支付机构发出划款指令。保险代理公司持有中国证监会颁发的《经营证券期货业务许可证》，批准从事业务范围为“基金销售”。从业务来看，“X 理财”并未取得中国证监会关于从事证券、期货投资咨询业务的相关行政许可，而是属于持牌基金销售机构。在其提供的基金电子交易远程服务协议格式合同中，被定义为电子交易自助前台系统，应属于具备基金销售渠道功能的计算机程序。从收费模式来看，受限于中国证监会批准的业务范围限制，“X 理财”也并未采用收取投资顾问费的买方投顾模式。此外，根据“X 理财”与投资者签订的委托支付协议格式合同，“X 理财”仅获得了代投资者向银行发出划款指令的授权，但并未获得下达基金产品申购指令的授权。实践中“X 理财”是通过后期不断提醒投资者手动确认调仓的方式，间接达到“投资组合再平衡”功能，这不仅抑制了智能投顾的自动化特性，而且给投资者带来了较大的人工成本。

可见，我国现有的智能投顾的盈利模式容易引发利益冲突，不少智能投顾表面上是中立性的买方的投资顾问，但事实上是衔接基金的卖方投顾。[1] 在卖方投顾的情况下，投资者与智能投顾公司之间形成了基金产品购买销售关系，而智能投顾公司与基金产品发行方则形成了委托代理法律关系。[2] 在作为智能投顾公司客户的投资者与智能投顾之间，反而没有真正的投资顾问关系。有学者甚至指出，我国的智能投顾经常打着“量身订制”投资咨询的品牌，而实际上大多数投资工具网页上给出的问题，都是为了保障顺利签署投资咨询合同。这些签署的自动化投资咨询产品，未必都是为消费者量身订制或是最合适的，它们大多是以产品价格作为评估结果

〔1〕 参见高丝敏：《智能投资顾问模式中的主体识别和义务设定》，载《法学研究》2018 年第 5 期。

〔2〕 参见李瑞雪、李可莘：《智能投顾投资者适当性管理问题研究——从销售导向走向客户导向》，载《价格理论与实践》2019 年第 11 期。

的标准。[1]

智能投顾异化为卖方投顾形态，进而出现利益冲突，并非我国所独有的问题。在世界范围内，不正当激励的问题一直是公众对银行和金融投资部门愤怒和不信任的根源。法律规定，投资顾问应当为客户的最佳利益行事，而不是因为其业务而使自己获得回报。然而，当一些投资顾问向客户销售金融产品时，他们就会获得回报，即使这些金融产品并不符合客户的最佳利益。[2] 实践中一些自称理财顾问的人收取金融机构佣金，并获得报酬，却引导客户购买高收费产品。由于他们的大部分报酬来自销售产品，他们可能没有足够的动机来提供优质的理财咨询服务。尽管存在公认的风险，但普通投资者往往无法认识到真正的问题所在。据统计，美国超过一半的六七十岁的投资者没有意识到理财顾问可以获得佣金报酬，而是错误地认为理财顾问免费提供建议。[3] 这实际上就是一种利益冲突。

在格林诉晨星公司案（Green v. Morningstar, Inc.）中，原告对晨星公司（Morningstar）和保诚集团（Prudential）提起了一项集体诉讼，指控两家公司使用名为"目标制造者"（GoalMaker）的智能投顾工具。原告声称，"目标制造者"智能投顾工具会引导退休投资者进入高成本投资，支付不必要的费用给保诚集团。起诉书称，"目标制造者"表面上是向储户提供"公正的资产配置建模"，然而它其实是系统地影响投资者将资金投入各种高成本的退休基金，并将过高的费用支付给被告保诚集团。[4] 虽然智能投顾在将投资者与大众市场金融产品相匹配方面有超越人类的潜力，但它们并非天生就不受激励机制失调的影响，这种失调在历史上就曾影响金融机构。

---

〔1〕 参见王倩、许勤：《从问题导向探索智能投顾监管思路》，载《金融市场研究》2020 年第 5 期。

〔2〕 See Hui Chia, *In Machines We Trust: Are Robo-Advisers More Trustworthy than Human Financial Advisers?*, 1 Law, Technology and Humans 129, 129 (2019).

〔3〕 See Benjamin P. Edwards, *The Rise of Automated Investment Advice: Can Robo-Advisers Rescue the Retail Market*, 93 Chicago-Kent Law Review 97, 102 - 103 (2018).

〔4〕 Green v. Morningstar, Inc., No. 1:17 - cv - 05652 (N. D. Ill. Aug. 3, 2017).

智能投顾可以被设计成忽略这些激励因素，但许多开发或购买智能投顾的金融机构都会受到这些激励因素的影响。如果简单地假设金融机构总是会选择对客户最有利的算法和选择架构，而不是对其自身最有利的算法和选择架构，那就太天真了。[1] 这也就是为什么智能投顾公司应该为其可能提供给客户的投资组合建立治理和监督机制的原因。

二、我国实践中智能投顾异化的原因

在我国既有的市场实践中，智能投顾通常被认为属于投资顾问业务。但是在投资顾问的规制路径之下，智能投顾在我国实践中最大的问题，就是其卖方投顾的经营模式，这是市场体系、法律制度以及牌照管制等多方面原因共同造成的。

一是市场体系。我国投资顾问服务行业起步较晚。从供给侧来看，投资顾问市场仍然处于赚取销售费等佣金而非投资顾问费的早期发展阶段。从需求侧来看，追求长期收益的资金能够为智能投顾的发展创造巨大的市场需求，[2] 而我国早期中小投资者的主要资产配置仍是以房地产和现金为主，对于追求长期收益资产配置的需求不足。但当中小投资者的投资顾问服务需求产生以后，传统人类投资顾问服务的较高门槛，以及法规对买方智能投顾模式的限制，又限制了中小投资者对投资顾问服务的获取。

二是法律制度。我国《证券法》以及关于证券投资咨询业务的一系列监管规则框定了证券投资顾问可从事的业务类型，禁止证券投资咨询机构获得客户的账户全权委托。这对智能投顾的交易代执行和投资组合再平衡的核心功能形成了制度障碍。部分智能投顾公司为规避国内监管规则对于账户全权委托的禁止性规定，采取在境外第三方证券公司开设海外账

---

〔1〕 See Tom Baker & Benedict Dellaert, *Regulating Robo Advice across the Financial Services Industry*, 103 Iowa Law Review 713, 732 (2018).

〔2〕 参见李劲松、刘涌：《智能投顾：开启财富管理新时代》，机械工业出版社 2018 年版，第 122 页。

户的商业模式，这种商业模式也具有较大的合规风险。考虑到我国相关法律法规的限制，有学者主张直接将智能投顾的业务范围限制于纯粹的投资咨询业务，不开放智能投顾平台从事全权委托业务。[1] 且不说这不符合市场对全流程、自动化的投资理财服务的需求，更重要的是，由于投资建议的可复制性、传播性和普遍适用性等特征，监管规则为我国证券投资咨询行业框定的单纯建议型经营模式事实上也不具有可持续性。[2] 这迫使证券投资顾问行业出于生存压力向卖方靠拢，从而异化为销售渠道，并进一步限制了真正的智能投顾在我国的发展。

三是牌照制度。在中国从事证券投资咨询业务需要取得中国证监会颁发的执业牌照。但在 2014 年之后，中国证监会并未再新增单独核发的证券投资咨询牌照。截至 2021 年 2 月，全行业的牌照数量仅为 83 张，[3] 这导致市场上持有证券投资咨询牌照的空壳公司价值极高。希望开展相关业务的公司只能通过高价从市场上收购已有的牌照，这实际上抬高了经营成本，并且会进一步通过服务费形式转嫁给客户，导致客户更加不愿意购买此种服务。可见，证券、期货投资咨询的牌照管制与停发，也在一定程度上抑制了真正的智能投顾在我国的发展。

第四节　智能投顾业务模式的重塑

一、现有突围尝试存在的问题

市场对智能投顾的真正需求，是以直接服务于投资者并从其那里赚取

---

[1] 参见袁森英：《我国证券智能投顾运营商市场准入制度的构建》，载《西南政法大学学报》2018 年第 3 期。

[2] 参见沈朝晖：《证券投资咨询行业升级、两阶牌照与法制改革》，载《证券市场导报》2017 年第 12 期。

[3] 参见《证券投资咨询机构名录（2021 年 2 月）》，载中国证监会网，http://www.csrc.gov.cn/pub/zjhpublic/G00306205/201510/t20151028_285725.htm。

投资顾问费为经营模式的买方投顾模式。智能投顾行业向买方投顾业务模式发展属于行业走向充分竞争后的必然趋势。目前,我国资本市场的不均衡表现之一是卖方的力量比较强大,即机构的推销力量很强,在市场中占据主导地位,而买方的力量相比而言较弱。[1] 大力发展投资顾问业,明确强调智能投顾的买方投顾属性,将有力地加强市场中的买方力量。但是,目前我国大部分投资者还不太能接受向投资顾问付费,而如果由机构付费,则又不可避免地会变成卖方投顾,并与机构的销售相捆绑。问题的关键在于,现行法律规定的将业务范围限制于仅提供投资建议的投资顾问业务盈利模式不具有可持续性,很难以买方投顾的形态经营。因为其不能真正满足客户对于全流程理财的需求,导致客户不愿意为这种服务付费。在现有的法律背景下,行业协会和监管机构做出了不同尝试以实现突围,但均存在不同程度的问题。

(一)“投资顾问账户管理业务”模式

中国证券业协会针对新形势下投资者的财富管理需求,于2015年发布了《账户管理业务规则(征求意见稿)》,以规范证券公司、证券投资咨询公司等机构依法从事投资顾问开展账户管理业务。该征求意见稿对允许证券投资咨询机构接受客户委托,就证券、基金、期货及相关金融产品的投资或交易做出价值分析或投资判断,从事代理客户执行账户投资或交易管理业务进行了规定。其中多处体现了要求投资顾问向作为买方的客户承担信义义务的相关规则,有利于中国证券投资咨询机构逐步摆脱赚取通道佣金的卖方投顾模式。但可惜由于上位法的限制,该征求意见稿事实上无法真正付诸实施。然而,我国于2019年修订的《证券法》仍然没有调整相关的限制性规定,这不能不说是一个遗憾。毫无疑问,中国证券业协会《账户管理业务规则(征求意见稿)》中规定的业务模式是符合买方智能投顾

[1] 参见沈朝晖:《证券投资咨询行业升级、两阶牌照与法制改革》,载《证券市场导报》2017年第12期。

的发展需求的,但此种业务模式需要《证券法》等相关法规的支撑。

（二）“基金投资顾问”模式

我国《证券投资基金法》中规定了基金投资顾问业务。第 97 条规定:“从事公开募集基金的销售、销售支付、份额登记、估值、投资顾问、评价、信息技术系统服务等基金服务业务的机构,应当按照国务院证券监督管理机构的规定进行注册或者备案。”第 103 条规定:“基金投资顾问机构及其从业人员提供基金投资顾问服务,应当具有合理的依据,对其服务能力和经营业绩进行如实陈述,不得以任何方式承诺或者保证投资收益,不得损害服务对象的合法权益。”这两个条文并未对该业务的性质和内容做出界定。在实践中,涉及基金的投资建议主要有两种:一种是在证券投资顾问业务中提供涉及基金的资产配置建议,这种服务要求持有证券投资顾问牌照;另一种是在基金销售过程中作为附加服务的投资建议,这种服务也不要求专门的基金投资顾问牌照。过去实践中所谓的基金投资顾问主要就是指第二种,即作为基金推介或销售的渠道,并非客户付费获取的服务,因而并未要求专门的基金投资顾问牌照,呈现卖方投顾的业务形态。

2019 年 10 月 24 日,中国证监会机构部下发了《关于做好公开募集证券投资基金投资顾问业务试点工作的通知》。根据该通知第 2 条的规定,具有资产管理、基金销售等业务资格的机构,经中国证监会备案,可以从事基金投资顾问业务。根据第 3 条的规定,基金投资顾问试点机构(以下简称试点机构)从事基金投资顾问业务,可以接受客户委托,按照协议约定向其提供基金投资组合策略建议,并直接或者间接获取经济利益。基金投资组合策略建议的标的应当为公募基金产品或经中国证监会认可的同类产品。根据与客户协议约定的投资组合策略,试点机构可以代客户作出具体基金投资品种、数量和买卖时机的决策,并代客户执行基金产品申购、赎回、转换等交易申请,开展管理型基金投资顾问服务。根据第 12 条的规定,试点机构开展管理型基金投资顾问服务的,应当与客户协议约定,将客户按基金销售有关规定开立的基金交易账户作为其基金投资顾问业务的授权账户。

根据该通知开展公募基金投资顾问业务的几家试点公募基金可以代客户作出具体投资决策,因此实现了在投资顾问业务中的全权委托。有观点认为,这标志着买方投顾模式在国内的落地。[1] 但此种模式可能仍然存在问题。

一是基金投资顾问的法律性质问题。至少从证监会机构部的角度来看,该通知中的这种做法并不与《证券法》第 161 条第 1 款、《证券、期货投资咨询管理暂行办法》第 24 条、《证券投资顾问业务暂行规定》第 12 条第 1 款等法律法规相抵触,因为这些条文所禁止的只是在投资咨询业务中代理客户进行证券交易和代客户做出投资决策,而该文件中的试点机构需要持有资产管理或基金销售牌照。可见,这种做法实际上是把此种基金投资顾问业务归为了资产管理或基金销售业务,从而绕开了上述法律法规的限制。虽然《证券投资基金法》第 97 条和第 103 条并没有明确规定基金投资顾问是否能够接受客户的全权委托,但是,基金份额也属于证券。因此,理论上来说,基金投资顾问业务也应当遵循《证券法》等上述法律法规的规定。而且,由资产管理、基金销售持牌机构从事《证券投资基金法》中所称的投资顾问业务,大概在法律的文义解释层面就说不通。可见,该文件中所采用的这种做法不能说是没有瑕疵的。

二是与人工智能业务的兼容性问题。根据《关于做好公开募集证券投资基金投资顾问业务试点工作的通知》第 8 条的规定,试点机构提供基金投资顾问服务,应当在公司层面建立专门的投资决策委员会。该委员会在整个基金投资顾问业务中占据非常重要的地位。[2] 基金投资组合策略的

[1] 参见戴叙贤:《美国投资顾问模式对国内财富管理的启示及建议——以美国〈投资顾问法〉为视角》,载《银行家》2020 年第 12 期。

[2] 例如,该通知还要求试点机构建立基金产品的备选库制度,产品出、入备选库都应当经投资决策委员会审议。

产生由试点机构集中、统一实施，投资决策委员会负责审议基金投资组合策略的产生和调整，并评估形成基金投资组合策略的风险特征。基金投资组合策略的具体产品品种、数量的确定及调整，应当经投资决策委员会审议。由于投资决策委员会是由人组成的，因此在该通知所确立的基金投资顾问业务模式之下，包括基金投资组合策略的产生和调整、风险特征的评估，基金投资组合策略的具体产品品种、数量的确定及调整等，事实上都是由人来审议和决定的，并不存在人工智能的使用空间。当然，该条还规定了同时符合以下两项条件的可以不适用上述规定：(1)试点机构具有完善的内部控制措施、可有效控制相关人员按照统一的基金投资组合策略、在严格授权范围内确定基金投资组合策略的具体产品品种、数量；试点机构投资决策委员会应当根据基金投资组合策略风险特征，对策略中每个类别基金产品的可选范围进行限定，不应简单以全部基金产品备选库替代签署限定范围。(2)前述对基金投资组合策略的具体产品品种、数量进行管理的人员应当具有3年以上证券投资、证券研究分析、证券投资基金研究评价或分析经历，且最近1年从事上述工作，并通过相关考试。可见，即使是符合这两项条件的除外情形，仍然是由具备相关资质的人员来进行操作，而不能以人工智能来替代。[1]

三是潜在的利益冲突问题。公募基金公司、基金销售公司既是基金产品的提供者和销售者，又是客户购买基金产品的投资建议者，事实上会存在与客户产生利益冲突的风险。目前，公募基金投资顾问业务运行已有一段时间。据观察，各基金公司投资顾问建议配置自家基金的比例一直较高，在不同条件下较低值为20%，较高值甚至超过80%。虽然证监会机构

---

〔1〕《关于做好公开募集证券投资基金投资顾问业务试点工作的通知》第15条规定，试点机构从事投资顾问业务的相关人员应当取得基金从业资格，其中界定的投资顾问人员包括了“设计、运营、维护与投资建议相关的算法、模型的人员”。此处所谓的算法、模型实际上是指人类投资顾问提供服务时使用的辅助工具，因而与智能投顾业务中客户能够直接使用的作为买方投顾的智能工具不同。

部在通知文件中多方面要求基金投资顾问采取措施披露或消除利益冲突，但实际结果可能未必理想，未来在实施上应该还有不少改进空间。

二、对全权委托型投资顾问的需求

"资管意见"规定只有持有资产管理牌照的金融机构才能经营全权委托业务，事实上造成了我国金融机构的智能投顾与非金融机构的智能投顾的差别待遇。[1] 我国的资产管理业务牌照主要分为银行理财业务牌照、保险资管业务牌照、证券资管业务牌照、基金资管业务牌照、期货资管业务牌照、信托资管业务牌照等。这些牌照是为商业银行、保险公司（保险资产管理公司）、证券公司（证券资产管理公司）、基金管理公司、期货公司和信托公司等金融机构专门开设的。[2] 第三方机构，尤其是想要经营全权委托智能投顾业务的金融科技公司很难获得这些牌照。即使能够获得这些牌照，合规的成本也很高。在这方面，投资咨询和资产管理的准入标准和持续监管有明显的差异。仅从注册资本看，证券、期货投资咨询机构要求100万元以上的注册资本，而证券公司资产管理子公司最低注册资本要求2亿元，商业银行理财子公司的注册资本最低金额为10亿元。如果统一按照资产管理机构的要求划定行业的准入标准，会极大地提升合规成本。[3] 而这样高的成本，对于仅从事投资咨询业务（即使包括全权委托业务）的机构来说可能是不必要的。

从立法者的角度来看，《证券法》第161条第1款禁止证券投资咨询机构及其从业人员代理委托人从事证券投资的理由在于：第一，证券投资咨

〔1〕 参见邢会强等：《智能投顾时代的崛起——智能投顾法律问题研究》，中国金融出版社2020年版，第301页。

〔2〕 参见邢会强等：《智能投顾时代的崛起——智能投顾法律问题研究》，中国金融出版社2020年版，第260页。

〔3〕 参见陈娟、熊伟：《智能投顾的业务属性和准入监管研究》，载《金融监管研究》2019年第4期。

询机构的职能和证券投资咨询机构从业人员的职业就是为投资者、交易者和筹资者提供证券市场信息和咨询服务，代理委托人从事证券投资已经超出其业务范围。第二，允许证券投资咨询机构及其从业人员代理委托人从事证券投资，容易导致其和委托人联手操纵证券交易市场，扰乱证券市场秩序，从而难以尽职从事证券咨询服务业务。禁止证券投资咨询机构及其从业人员代理委托人从事证券投资，能防止这些问题的出现。[1] 这是在之前的《证券法》第171条中就存在的限制性规则，直到2019年《证券法》修订仍然没有予以修改。然而，此种限制早已显得不合时宜，学界和业界一直多有质疑。[2] 笔者认为，第一个理由事实上属于循环论证，第二个理由则属于因噎废食，作为禁止投资顾问全权委托业务的理由均不充分。

据统计，2017年度我国83家证券投资咨询机构平均注册资本4563万元，行业净利润7.08亿元，全行业净利润不如国都证券。行业内公司员工数量最多为358人，最少仅为5人，83家公司平均员工数为53人。[3] 咨询公司规模小、实力弱、业务空间狭窄、收入来源单一的状况没有得到根本改观。缺乏可行的盈利模式是一直是证券投资咨询公司生存困难的根本原因。[4] 一方面，在整个行业盛行免费咨询的情况下，证券投资咨询机构很难把咨询服务作为主营业务和盈利来源；因研发实力、人员素质、市场品牌等无力与证券公司竞争，其向机构投资者提供研究报告的收入也极为有限。另一方面，受市场准入门槛的限制，咨询机构也难以拓展财务顾问、基

[1] 参见王瑞贺主编：《中华人民共和国证券法释义》，法律出版社2020年版，第316页。

[2] 参见林义相、王昕：《证券投资咨询行业市场功能之立法思考和监管建议》，载《天津法学》2011年第4期；沈朝晖：《证券投资咨询行业升级、两阶牌照与法制改革》，载《证券市场导报》2017年第12期；王宏宇、刘刊：《证券投资咨询制度变革及路径选择研究》，载《清华金融评论》2019年第3期。

[3] 参见王宏宇、刘刊：《证券投资咨询制度变革及路径选择研究》，载《清华金融评论》2019年第3期。

[4] 参见李延振、徐茂龙：《关于推进证券投资咨询制度变革的若干思考》，载《证券市场导报》2010年第1期。

金代销、参与基金发起等其他兼营业务。[1]

调研显示,83 家持牌机构认为我国证券投资咨询生存空间受到较大局限的原因是监管政策的限制,因为《证券法》禁止投资咨询机构与客户建立委托代理关系。[2] 已经有学者切中要害地指出了问题之所在:由于投资建议具有低成本的可复制性、传播性和普遍适用性,单纯的依靠提供投资建议来盈利,这在商业上不是一种可以持续的盈利模式。可行的商业模式一是要为该客户量身定制个性化的投资策略和资产组合,这样的投资建议只适用于该客户;二是在客户委托授权投资的基础上,咨询机构代客户做资产管理和财富管理("账户管理"),这就是全权委托账户管理的投资咨询。[3]

就改革的方向问题,有学者提出了"两阶牌照"方案,即分为投资建议的咨询牌照和全权委托账户管理的咨询牌照。第一类是初级的投资咨询牌照,也就是维持目前的投资建议模式和对应的监管规则,这是旧的轨道。选择初级的咨询牌照的机构,其市场竞争力就完全依靠为大股东的获客资源和为高净值客户定制个性化的资产配置方案。不具备为高净值客户设计个性化资产配置方案和投资策略的咨询机构将逐步被市场所淘汰或被其他机构所兼并。第二类是升级后的新牌照,即全权委托的账户管理牌照。它主要面向那些没有时间、精力和专业能力进行证券投资的个体投资者。[4] 这种方案实际上就是要将全权委托账户管理业务引入投资咨询牌照中。

---

〔1〕 参见侯外林:《关于完善我国证券投资咨询法规制度的思考》,载《南方金融》2010 年第 5 期。

〔2〕 参见王宏宇、刘刊:《证券投资咨询制度变革及路径选择研究》,载《清华金融评论》2019 年第 3 期。

〔3〕 参见沈朝晖:《证券投资咨询行业升级、两阶牌照与法制改革》,载《证券市场导报》2017 年第 12 期。

〔4〕 参见沈朝晖:《证券投资咨询行业升级、两阶牌照与法制改革》,载《证券市场导报》2017 年第 12 期。

有学者提出了另一种方案，即参照美国投资顾问监管经验，把商品银行理财子公司、私募投资基金管理人、资产管理计划管理人、第三方财富机构等从事的那些实质上构成投资咨询的业务也全部纳入投资咨询的范畴之内，同时将金融市场上为投资者提供投资建议的个人和机构均认定为投资顾问，并且放开对投资咨询业务全权委托的限制。[1] 与第一种方案相比，这种方案显然野心更大，因为其不仅要将全权委托的业务模式引入投资咨询牌照中，而且还打算以统一的投资顾问法律体系规范包括现在被归于资产管理的业务、机构和人员。

笔者赞同，为了推动投资顾问行业转型升级，形成可持续发展的经营业态，同时发展独立于基金公司的第三方投资顾问，有必要修改相关法律法规，至少允许投资顾问开展全权委托账户管理业务。而这也是发展全权委托型智能投顾所需的法律环境。例如，对全权委托型智能投顾，前述"资管意见"虽然采用了全权委托账户管理的运营模式，但要求其参照适用普通资产管理产品的有关投资者适当性、投资范围、信息披露、风险隔离等一般性规定。然而，就法律关系而言，全权委托型智能投顾与投资顾问的全权委托账户管理业务更为接近，而不同于信托型资产管理产品。在此意义上，允许投资顾问开展全权委托账户管理业务，从而使全权委托型智能投顾能够采用此种规范方案，也有利于通过具体的规则落实智能投顾经营者的信义义务。

目前，我国相关法律和监管规则禁止在投资顾问业务中进行全权委托，因此在若想以投资顾问模式规制智能投顾，就需要对《证券法》等法律法规进行修改，同时建立针对全权委托型投资顾问的信义规则，以配合此种监管框架的建立。但如果只是在低层级立法或行业规则中对智能投顾

---

〔1〕 参见王宏宇、刘刊：《证券投资咨询制度变革及路径选择研究》，载《清华金融评论》2019年第3期。类似观点，参见邢会强等：《智能投顾时代的崛起——智能投顾法律问题研究》，中国金融出版社2020年版，第275~276页。

进行规范,那么对规制路径的选择就会受到高层级法律规范的制约。此外,应当恢复向符合条件的第三方机构发放投资咨询业务牌照,使有相关业务需求的智能投顾公司能够合法地从事相关经营活动。

第四章　智能投顾承担信义义务的一般规则

第一节　智能投顾业务中的信义关系

通常认为,信义义务是规制智能投顾的基础性工具。以信义义务来规制智能投顾的核心问题在于,是否应当赋予智能投顾信义义务,由谁来最终承担智能投顾的信义义务,应当采用哪种信义规则框架,以及应当通过什么样的特殊规则来落实其信义义务。

一、认为智能投顾无法履行信义义务的观点

在学术界,不少学者认为智能投顾无法履行信义义务。我们按照信义义务的两项主要内容,即注意义务和忠实义务,来考察一下那些认为智能投顾无法履行信义义务的观点。

(一)关于注意义务

注意义务要求投资顾问根据客户的需求、目标,并在适当研究的基础上做出谨慎的建议,并要求投资顾问在客户协议范围内提供持续监控。有关注意义务的争论围绕着智能投顾是否有能力满足谨慎推荐的要求展开。

认为智能投顾无法履行注意义务的观点主要体现在以下方面。[1]

第一,使用问卷来提取客户信息具有局限性。智能投顾用于收集客户信息并制定建议的问卷不够充分,这是智能投顾无法履行注意义务的核心原因。由于数据仅限于被问到的特定问题,导致智能投顾生成建议所依据的信息范围非常有限。如果问卷未能收集到足够或准确的资料,则所提供的建议极有可能不符合注意义务。问卷通常不会收集客户账户以外的资产信息,而客户账户之外持有的资产会直接影响客户的整体财务状况,相应地,投资顾问个性化建议和做出适当投资决策的能力也会受到影响。此外,预先设置的问卷可能会遗漏或错过重要信息。智能投顾不能查找问卷之外的信息,这就阻止了智能投顾获取关于客户的关键信息。虽然人工顾问可以提出后续问题,在必要时对某个主题进行更深入的探究,或询问背景信息,但许多问卷不寻求补充信息或允许客户提供更多细节。

第二,智能投顾仅依赖通过问卷收集的信息,而无法确认客户提供的信息是否准确。智能投顾无法通过支持文档确认所提供的信息是否准确,也不能通过程序发现不一致的答案,并要求客户澄清问题。许多智能投顾问卷的范围太过有限,且不允许客户提问。然而,客户可能对问卷中的部分问题不理解,也可能自以为理解了这些问题却并未真正理解,导致他们有可能做出错误的回应,进而导致建议的质量降低或不恰当,从而无法达到谨慎推荐的要求。

第三,智能投顾的问卷没有普遍接受的标准,可能是无效的问卷。智

---

〔1〕 See Sophia Duffy & Steve Parrish, *You Say Fiduciary, I Say Binary: A Review and Recommendation of Robo-Advisors and the Fiduciary and Best Interest Standards*, 17 Hastings Business Law Journal 3, 20 – 24 (2021); Megan Ji, *Are Robots Good Fiduciaries? Regulating Robo-Advisors under the Investment Advisers Act of* 1940, 117 Columbia Law Review 1543, 1565 – 1568 (2017); Bret E. Strzelczyk, *Rise of the Machines: The Legal Implications for Investor Protection with the Rise of Robo-Advisors*, 16 DePaul Business & Commercial Law Journal 54, 62 (2017).

能投顾的问卷在长度、问题类型、问题主题等方面差异很大。[1] 有些调查问卷涉及的范围很广,包括客户的个人情况、风险承受能力和投资范围,而另一些调查问卷的问题则比较有限。[2] 没有一致性或行业范围内的最佳实践来区分一个好的问卷和一个糟糕的问卷。智能投顾的问卷可能过于一般化、模棱两可、具有误导性,或者旨在让客户适应工具预先确定的选项。正因如此,智能投顾的推荐可能无法考虑投资者的经验、时间跨度、现金需求和财务目标等因素。[3]

第四,智能投顾提出的建议并不是针对每个客户的个性化建议。智能投顾产生的建议是基于预先确定的客户画像,而客户画像是由客户通过回答有限的问卷生成的。当客户在智能投顾平台上回答问卷时,智能投顾会给客户匹配一个画像,该画像应反映客户对风险目标的偏好、投资偏好等,然后生成与客户的画像特征相匹配的建议。智能投顾会根据客户画像将其与预先打包的投资组合相匹配,也就是把具有保守画像的投资者跟保守的投资组合相匹配,把具有激进画像的投资者跟激进的投资组合相匹配。然而,一项研究发现,智能投顾平均只有 5 ~ 8 种不同的客户画像,他们将数量众多的客户分类为这些类型。[4] 很难想象这些有限的画像是真正代表了每个客户的个性化需求和目标,这与要求考虑每个客户个人情况的审慎的推荐标准不一致。事实上,投资建议应该“个性化”,这是由投资顾问与客户之间关系的高度个性化所决定的。[5] 然而,智能投顾似乎并不是为提供个性化的建议而设计的。

---

〔1〕 See FINRA, *Report on Digital Investment Advice* 8 (2016), http://www.finra.org/sites/default/files/digital-investment-advice-report.pdf.

〔2〕 See SEC, *Guidance Update: Robo-Advisers* 6 (2017), https://www.sec.gov/files/2017-03/im-guidance-2017-02.pdf.

〔3〕 See SEC & FINRA, *Investor Alert: Automated Investment Tools* (2015), https://www.sec.gov/oiea/investor-alerts-bulletins/autolistingtoolshtm.html.

〔4〕 See FINRA, *Report on Digital Investment Advice* 6 (2016), http://www.finra.org/sites/default/files/digital-investment-advice-report.pdf.

〔5〕 See SEC v. Capital Gains Research Bureau, Inc., et al., 375 U.S. 180 (1963).

第五,智能投顾无法做出谨慎的建议,因为他们缺乏人类的判断力。这是一个棘手的论点,因为没有明确的法律规定或司法解释要求投资顾问利用人的判断来履行信义义务。但缺乏人工判断和监督是自动化投资工具的一个潜在问题。[1] 人类的判断很重要,因为这能够让投资顾问收集更多关于客户的信息,这对做出谨慎的建议至关重要。智能投顾的批评者暗示,人际关系和判断力是投资顾问信义义务的基本要素,他们假设只有人类才能与客户建立足够私人的联系,从而充分了解客户的财务状况,而智能投顾在交流过程中则很有可能忽略客户出现的微妙情况。试着比较一下一对夫妻共同使用智能投顾或人类顾问建立经纪投资账户的不同情形。当人类顾问注意到妻子在会议中显得不舒服或生气,他可能更深入地探查这种不适的根源,并可能了解到丈夫有重大的债务问题和赌博问题。然后,投资顾问可以建议如何保护账户上的资产不受丈夫债权人的影响,这显然符合双方的最佳利益。然而,智能投顾是无法理解这些迹象的。很明显,对于投资顾问来说,人类的判断是一种有价值的工具,可以让他们为客户的最大利益而行动。法律并没有明确要求必须用人类的判断来满足受托标准,或许只是因为适用于投资顾问的法律起草时,智能投顾的概念还不存在。人类的判断并没有明确地写进注意义务中,因为它假定人类永远是顾问,使用人类的判断是一种自然的人类特性,不需要特别说明。

第六,智能投顾不能成为受托人,因为它们不具备解决市场失灵的能力。在市场崩盘等危急时刻,客户需要一位人类顾问来指导他们做出决策,这样他们就不会采取有损自身长期利益的鲁莽行动。这实际上也与智能投顾缺乏人类情感有关。从技术上讲,你不能“打电话”给智能投顾寻求财务建议,或者讨论你的投资策略。在疯狂的市场抛售中,一位人类投资

---

〔1〕 See SEC & FINRA, *Investor Alert*: *Automated Investment Tools* (2015), https://www.sec.gov/oiea/investor-alerts-bulletins/autolistingtoolshtm.html; FINRA, *Report on Digital Investment Advice* 8-9 (2016), http://www.finra.org/sites/default/files/digital-investment-advice-report.pdf.

顾问可以让他的客户冷静下来,而智能投顾根本做不到这一点。投资虽然是技术性的,但仍然充满了情感,而人类投资顾问的情感是智能投顾无法做到的。智能投顾提供的服务不同于传统的金融顾问,而后者可以与客户讨论战略和长期选择。智能投顾会根据用户的输入信息提供有限的投资选择,如目标退休日期和风险偏好,而这不是一个完整的咨询计划服务。[1]

(二)关于忠实义务

忠实义务要求投资顾问以客户的最佳利益行事,将客户利益置于投资顾问自身利益之上,通过"全面、公平"披露重要信息,避免或减轻利益冲突,避免误导客户。认为智能投顾无法履行忠实义务的观点主要体现在以下方面。[2]

第一,智能投顾并不一定没有利益冲突。很多人支持智能投顾是因为其不受人类偏见和动机的影响,从而消除利益冲突。虽然这可能是正确的,但它只处理了投资顾问和客户之间直接产生的利益冲突。企业层面的利益冲突是由于机构的实践、政策或程序而产生的冲突,而智能投顾的使用并不能消除这些利益冲突。事实上,智能投顾可以而且经常是故意设定为通过推荐有利于机构的产品,或频繁重新平衡客户的投资组合使机构获得更多的费用,或提出其他有利于公司的建议。例如,嘉信理财(Schwab)的智能投顾 SIP 被设定为,将每位客户投资组合的 7% ~30% 配置为现金,并投资于嘉信理财的零售银行服务,然后这些钱被嘉信理财用于投资。嘉信理财通过这种做法获得了可观的收入,但这显然不符合客户的最佳利益。因为尽管嘉信理财向客户支付了现金存款的名义利息,但这些现金本可以进行更有效的投资,并为客户带来更高的回报。嘉信理财后来被迫修

---

〔1〕 See Bret E. Strzelczyk, *Rise of the Machines: The Legal Implications for Investor Protection with the Rise of Robo-Advisors*, 16 DePaul Business & Commercial Law Journal 54, 62 (2017).

〔2〕 See Sophia Duffy & Steve Parrish, *You Say Fiduciary, I Say Binary: A Review and Recommendation of Robo-Advisors and the Fiduciary and Best Interest Standards*, 17 Hastings Business Law Journal 3, 26 - 29 (2021).

改了这一做法,使客户得到更优厚的待遇。然而,类似的做法在所有投资顾问公司中都很常见。

第二,智能投顾披露的信息可能过于复杂,而使客户无法理解。智能投顾提供信息披露的有效性在两个方面受到限制。首先,客户没有机会追问问题,智能投顾也没有机会通过面部表情或上下文语境来判断客户是否真正理解了所披露的信息。尽管投资顾问不需要确保客户理解披露的信息,但如果投资顾问知道或合理地应该知道客户不了解冲突的性质和重要性,而推断或接受客户同意,这是与投资顾问的信义义务不符的。当客户不能理解信息披露时,智能投顾也无法重新措辞或更好地解释这些信息。其次,信息披露应当显著,便于阅读和理解,且用易懂的语言书写。然而,当涉及科技时,信息披露的复杂性就会显著增加。通过披露向客户提供的实质上很复杂的信息并没有伴随任何测试来确定其是否被理解或被恰当使用。研究表明,大多数客户无论如何都无法理解复杂的信息披露。[1] 因此,对于客户来说,有关软件程序设计和算法的信息披露就更不容易理解了,因此这些信息披露可能毫无意义。

二、认为智能投顾能够履行信义义务的观点

(一)关于注意义务

关于智能投顾是否有能力达到注意义务标准的问题,支持者提出了许多有效的论据。[2]

第一,智能投顾可以在有限范围内提出谨慎的建议,甚至有可能超过人类投资顾问的能力。智能投顾可以履行注意义务,只要其参与的服务范

〔1〕 See Nicole G. Iannarone, *Rethinking Automated Investment Adviser Disclosure*, 50 University of Toledo Law Review 433, 440 (2019).

〔2〕 See Sophia Duffy & Steve Parrish, *You Say Fiduciary, I Say Binary: A Review and Recommendation of Robo-Advisors and the Fiduciary and Best Interest Standards*, 17 Hastings Business Law Journal 3, 24 – 26 (2021).

围受到限制。在有限的参与中,智能投顾可以制作一份更有效的问卷,该问卷能够涉及并处理好所有相关数据。此时,智能投顾就可以有效地做出谨慎的建议。此外,对有限范围服务的参与是非常受市场欢迎的,也是被市场普遍接受的做法。

第二,智能投顾在提出谨慎建议方面可能比人类投资顾问更有效。智能投顾最明显的好处是,它具有评估无限数据和风险场景的复杂能力,可以给出理想、高效的最新投资组合。过去在将计算机用于投资分析之前,投资顾问会手动开发这些投资组合的计算工具,这些计算工具自然是基于不那么可靠的数据,容易出现人为错误。而计算机技术的进步使得计算工具的处理速度越来越快。在投资组合设计领域,这允许更有效的建模,计算机可以在这个领域超越人类。因此,与人类投资顾问相比,通过一个精心设计的事实挖掘器,深入挖掘由有限参与定义的交易,智能投顾可以创建更加明智的投资组合。

第三,注意义务要求投资顾问定期更新信息,以使其建议可以根据不断变化的情况进行调整。从理论上讲,一个智能投顾可以通过程序从可能无限多的来源收集数据,包括全球市场、监管变化、与客户业务相关的行业新闻、当地经济,甚至是关于客户竞争对手的新闻等,并立即对客户的投资组合或风险画像进行调整。人类投资顾问不太可能有时间或能力跟上所有这些数据源的进度。由此,智能投顾就能够比人工顾问更有效、更廉价地满足持续监督的要求。人类投资顾问只能定期监控账户,而智能投顾可以持续监控和调整账户,以实现效率最大化。除非编程不当,否则智能投顾几乎不会错过再平衡、利用税收损失或者及时调整投资的机会。

(二)关于忠实义务

支持智能投顾能够达到忠实义务标准的论点主要体现在以下方面。[1]

---

〔1〕 See Sophia Duffy & Steve Parrish, *You Say Fiduciary, I Say Binary: A Review and Recommendation of Robo-Advisors and the Fiduciary and Best Interest Standards*, 17 Hastings Business Law Journal 3, 27 - 29 (2021).

第一,虽然在智能投顾的环境中也可能会发生利益冲突,但这些利益冲突更容易被检测到。智能投顾中的利益冲突源自不适当的程序设计,无论是出于无意还是恶意制造的,这种利益冲突都体现在智能投顾的推荐中。如果这违反了忠实义务,那么在同样的情况下,它也会违反对包括传统投资顾问客户在内的所有客户的忠实义务。一旦被发现,就可以揭露出来并予以制止。智能投顾并不能防止疏忽或欺诈设计,但它使其更容易被发现。

第二,在某些情况下,智能投顾可以比人类顾问更有效地提供信息。智能投顾的披露被认为具有一致性和完整性,不会"忘记"或故意不披露重要事实,也不会对某些客户披露的信息给出与其他客户不同的解释。事实上,智能投顾甚至可以利用技术来强调披露信息中的特定信息,如把一些信息放在弹出框中,要求客户点击"我同意",或者突出关键文本。

第三,就像人类有能力充当受托人一样,智能投顾也能在适当的情况下达到受托人的标准。然而,目前的技术表明,这个标准最好在有限的情况下达到。首先,当参与的范围有限时,如投资建议,智能投顾的设计和监控能力往往优于人类的能力。其次,当创建者自身不存在利益冲突时,智能投顾就会提供一种系统的方式来提供无利益冲突的建议。最后,与一味地依赖于披露和免责声明相比,智能投顾的信息传送更加着眼于清晰和简单。

(三)能力、忠诚与适当性

也有学者从能力、忠诚与适当性的角度,认为至少就大众市场的金融产品和消费者而言,一个设计良好的智能投顾能够比大多数人类投资顾问要更加胜任与合适,并且至少与大多数人类投资顾问一样忠诚。[1] 因此,通过各种制度性的约束,保证智能投顾能够"设计良好",是规制智能投顾

---

〔1〕 See Tom Baker & Benedict Dellaert, *Regulating Robo Advice across the Financial Services Industry*, 103 Iowa Law Review 713, 724 - 731 (2018).

的关键。

三、智能投顾与客户之间信义关系的确立

(一)智能投顾向客户承担信义义务的可能性

投资者基于投资顾问掌握的专业信息及其个人信息从而对其产生了高度的信赖,而投资顾问则可能滥用这种信赖而损害投资者的利益。在传统投资顾问模式下,投资顾问与投资者之间因信赖而形成了信义关系,投资顾问因此对投资者负有信义义务。在美国法上,证券交易委员会诉资本利得研究局案(SEC v. Capital Gains Research Bureau, Inc.)确立了投资顾问信义义务的规范依据。在该案中,投资顾问通过“抢帽子”的交易手法欺骗客户,即在买进了大量他打算推荐的股票后,向客户推荐这些股票,直到这些股票升值,然后卖掉自己的股票,而从更高的股票价格中获利。美国最高法院认为,虽然该行为不构成普通法上的欺诈,但投资顾问服务具有高度个性化的特征,且缺乏投资经验的客户对投资顾问具有高度的信赖,这种利益冲突交易不属于公平交易的情形,因而违反了美国《投资顾问法》第206条。该条规定:“任何投资顾问不得直接或间接地借助邮件或任何洲际商业手段或工具——(1)实施任何计划、计谋或伎俩以欺骗客户或预期客户。(2)从事任何构成对客户或预期客户进行欺骗或欺诈的交易、做法或业务经营过程……”法院主张应对《投资顾问法》第206条中的“欺诈”做出比普通法更宽泛的解释,认为投资顾问像其他受托人一样,对客户负有最大诚信和充分公平地披露所有重大事实的积极义务,以及应尽到合理注意义务来避免任何误导客户的情形发生,因此,认定投资顾问的“抢帽子”行为构成欺诈。[1] 虽然在该案中,法院并未将投资顾问的积极义务称为“信义义务”,但是美国最高法院后来的判决均将该判例解读为确立了投

---

〔1〕 SEC v. Capital Gains Research Bureau, Inc., 375 U.S. 180 (1963).

资顾问的信义义务标准。[1] 并且,大量的法院判决和证券交易委员会执法案例也都承认,《投资顾问法》第 206 条包含了对投资顾问的信义义务要求。[2]

在制定法律框架以决定智能投顾的责任时,基础技术的快速发展使在该框架中建立灵活性至关重要。[3] 有学者指出,虽然投资顾问与客户之间的信义关系标准最初是以人类投资顾问为基本模型建立的,但是投资顾问信义义务的标准具有足够的灵活性,因此能够涵盖智能投顾与客户的关系。首先,应当在考虑投资顾问与客户关系的背景下,灵活解读投资顾问的信义义务。信义义务的概念是灵活的,其界限取决于受托人和委托人之间的确切关系。这种灵活性的存在是因为信义义务有一个实际的目的——对受托人和委托人无法互动的领域进行填充。这意味着不同类型的受托人有不同的义务水平。投资顾问与客户的关系应当是个性化的,并取决于双方协议的具体情况。[4] 其次,即使监管机构认为智能投顾达不到投资顾问的注意义务标准,智能投顾也是调整该标准恰当领域。根据著名学者塔玛·弗兰科的归纳,信义义务的界限可以在以下 5 个条件下进行调整:(1)委托人具有独立的意志,可以适当地订立合同;(2)当存在利益冲突时,委托人对冲突情况有充分的了解;(3)受托人向委托人提供变更通知;(4)对委托人而言,变更在实质上是公平的;(5)委托人对变更表示明

---

〔1〕 See Santa Fe Industries v. Green, 430 U.S. 462 (1977); Transamerica Mortgage Advisors, Inc. v. Lewis, 444 U.S. 11 (1979).

〔2〕 See SEC v. Bolla, 401 E Supp. 2d 43 (D.D.C. 2005); SEC v. Moran, 922 F. Supp. 867 (S.D.N.Y. 1996); Raymond J. Lucia Cos., SEC Release No. 495, 106 SEC Docket 3613, 3629 (ALJ July 8, 2013); Monetta Fin. Servs., Securities Act Release No. 8239, Exchange Act Release No. 48001, Advisers Act Release No. 2136, Investment Company Act Release No. 26070, 80 SEC Docket 1257 (June 9, 2003).

〔3〕 参见[美]约翰·莱特伯恩:《算法与受托人:对人工智能理财规划师现有和拟议的监管方法》,李诗鸿译,缪因知校,载彭冰主编:《金融法苑》第 99 辑,中国金融出版社 2019 年版,第 250 页。

〔4〕 See SEC v. Capital Gains Research Bureau, Inc., et al., 375 U.S. 180 (1963).

确具体的同意。[1] 而智能投顾完全符合这 5 个标准——他们的客户有选择服务的独立意志,智能投顾需要披露所有利益冲突的完整信息。相关提示也是充分的,当客户寻求智能投顾服务时,他们知道最终的建议只基于他们在网上问卷中输入的信息,而且往往不包含人类的判断。对注意义务进行调整的实质内容也是公平的,客户接受智能投顾能力上的有限性,以换取智能投顾服务的低收费,以及其他优势。客户的同意是明确的,因为客户参与服务时就知道智能投顾的能力和限制。因此,当上述每一个标准都满足时,就可以得出这样的结论:即使存在一个严格的投资顾问注意义务标准,根据智能投顾的特征也有理由调整该标准。[2]

笔者认为,信义义务标准的灵活性意味着,虽然智能投顾公司通过提供基于人工智能的投资顾问服务替代了人类投资顾问提供的服务,但是智能投顾与客户之间的信义关系可以通过服务合同进行塑造,并且根据具体服务内容进行调整。即使如此,智能投顾与客户之间信义关系的本质不会发生变化。而且,因应智能投顾业务模式的特殊性,立法机构和监管机构可以提出一些规则,以辅助智能投顾达到相关的信义义务标准。

(二)智能投顾向客户承担信义义务的必要性

从比较法上来看,智能投顾能否履行信义义务仍然存在争议。如在美国,证券交易委员会的立场是,智能投顾是典型的注册投资顾问,与所有注册投资顾问一样都要遵守《投资顾问法》,包括该法中对其提供建议时对客户承担信义义务的要求。[3] 而马萨诸塞州证券部对此持有不同意见,并称其"部门的立场是,按照目前的结构,全自动智能投顾可能在本质上无法履

---

〔1〕 See Tamar Frankel, *Fiduciary Law*, Oxford University Press, 2010, p. 195.

〔2〕 See Megan Ji, *Are Robots Good Fiduciaries? Regulating Robo-Advisors under the Investment Advisers Act of* 1940, 117 Columbia Law Review 1543, 1568 – 1571 (2017).

〔3〕 See SEC, *Guidance Update: Robo-Advisers* 2 (2017), https://www.sec.gov/files/2017-03/im-guidance-2017-02.pdf.

行州注册投资顾问的信义义务”。[1] 也就是说，其认为部分智能投顾，即全自动智能投顾无法达到信义义务的要求。

金融科技创新不应该被用于切断投资顾问与客户之间的法定义务。[2] 笔者认为，虽然智能投顾模式下金融从业者与客户之间的关系因智能投顾平台的存在而发生了一定程度的改变，但这并未从根本上改变金融从业者与客户之间的信义关系本质。客户在线上智能投顾平台填写调查问卷的过程替代了传统投资顾问与客户之间的线下访谈过程，使智能投顾平台得以分析出客户的投资偏好与风险承受能力等个人信息，以作为后台自动化决策的参考。智能投顾平台最终形成资产配置方案是一个依据客户提供的个人信息与金融从业者前置输入的多种资产配置方案匹配的过程，使得该资产配置方案同样具有个性化的特征。处在智能投顾平台背后的金融从业者与客户之间的法律关系仍具有个性化特征，尤其体现在客户画像以及提供资产配置方案的过程。更重要的是，客户对智能投顾服务提供者的信赖是双方之间建立法律关系的基础。因此，应将智能投顾中金融从业者与客户之间的关系认定为信义关系。

在现实中，一些智能投顾会通过其服务合同的免责声明来尽力免除自己的信义义务，如这样的声明：“客户理解并同意……客户尚未聘请智能投顾提供任何个人理财规划服务”；“客户负责确定投资符合客户的财务需求的最佳利益”；“所有的经纪交易……将被送往智能投顾的经纪人关联公司执行，这可能并不总能获得与其他经纪自营商一样有利的价格”。[3] 可见，相比传统投资顾问而言，智能投顾模式中更需要确立信义关系。从立法目的来看，投资顾问凭借其掌握的专业信息以及客户的个人信息从而处

---

〔1〕 See Megan Ji, *Are Robots Good Fiduciaries? Regulating Robo-Advisors under the Investment Advisers Act of* 1940, 117 Columbia Law Review 1543, 1565 (2017).

〔2〕 See Bret E. Strzelczyk, *Rise of the Machines: The Legal Implications for Investor Protection with the Rise of Robo-Advisors*, 16 DePaul Business & Commercial Law Journal 54, 84 (2017).

〔3〕 参见[美]约翰·莱特伯恩：《算法与受托人：对人工智能理财规划师现有和拟议的监管方法》，李诗鸿译，缪因知校，载彭冰主编：《金融法苑》第99辑，中国金融出版社2019年版，第253页。

于优势的信息地位,在这种信息不对称背景下存在投资顾问滥用客户合理信赖的潜在风险。因此,需要在法律上将双方之间的关系定义为信义关系,并认定投资顾问对客户负有信义义务。此外,由于智能投顾平台“算法黑箱”[1]的存在,也增大了投资顾问滥用客户信赖的道德风险,更加需要法律的介入。因此,从金融法律关系来看,作为买方投顾的智能投顾,应当以客户利益最大化为导向,并且向客户承担信义义务。

(三)智能投顾承担信义义务的标准与主体

从智能投顾对整个社会的意义来看,与通过质疑智能投顾模仿人类行为方面的能力来对抗发展潮流的做法相比,我们更应该支持智能投顾的市场应用。[2] 此外,尽管存在潜在的未来风险,但监管机构不应过度行动,即不应让智能投顾接受比目前适用于人类投资顾问的更高标准。[3] 监管机构以保护投资者或降低系统风险的名义对智能投顾公司施加过多监管负担的举措,实际上可能被认为是为了提高颠覆性进入者的成本,并保护现有中介机构的盈利能力,但这对于投资者而言反而是不利的。[4]

智能投顾机器人不具有法律上的主体资格,实质上是运营者为客户提供投资顾问服务的辅助工具,在智能投顾过程中产生的民事责任应当由智能投顾运营者来承担。[5] 由运营者承担信义义务,这与人工智能在其他领

---

〔1〕 在智能投顾业务中,在各利益博弈主体之间由于技术不对称而存在“技术黑箱”。具体而言,在研发者与使用者之间,智能投顾机构与投资者之间,市场与监管之间都存在“黑箱”。参见李瑞雪:《技术伦理下智能投顾算法治理问题研究》,载《大连理工大学学报(社会科学版)》2020 年第 5 期。

〔2〕 Sophia Duffy & Steve Parrish, *You Say Fiduciary, I Say Binary: A Review and Recommendation of Robo-Advisors and the Fiduciary and Best Interest Standards*, 17 Hastings Business Law Journal 3, 30 – 31 (2021).

〔3〕 See Tom Baker & Benedict Dellaert, *Regulating Robo Advice across the Financial Services Industry*, 103 Iowa Law Review 713, 716 (2018).

〔4〕 See Benjamin P. Edwards, *The Rise of Automated Investment Advice: Can Robo-Advisers Rescue the Retail Market*, 93 Chicago-Kent Law Review 97, 109 (2018).

〔5〕 参见郑佳宁:《论智能投顾运营者的民事责任——以信义义务为中心的展开》,载《法学杂志》2018 年第 10 期。

域的责任体系相契合;建立运营者问责制度,由运营者建立相应的机制来确保算法符合运营者的意图,并且确保运营者能及时识别并纠正有害结果的发生。[1] 有观点认为,算法程序开发者应当承担产品责任,即严格的无过错责任。[2] 也有观点认为,从业机构故意购买劣质算法导致投资意见不符合客户的实际情况,从业机构和劣质算法的提供者均对客户遭受的损害负责,二者承担连带责任。从业机构因过失未能发现算法缺陷导致损害,且该算法缺陷是设计者在设计时可以采取技术手段予以避免的,则从业机构与提供技术的主体应当按照各自的过错程度承担责任。若该算法缺陷超过了行业现有的一般技术水准,则从业机构和技术提供方均可以在充分信息披露的前提下主张免责。[3] 笔者认为,无过错责任对于开发者而言未免过于严苛,仅仅提供智能投顾平台程序开发服务的程序设计者,由于不具备参与投资顾问服务的专业能力,也并未实质性参与投资顾问服务,在金融决策模型算法设计上是严格按照金融从业者的指示来完成的,因此不应承担信义义务。

我国"资管意见"征求意见稿第 22 条第 4 款规定,金融机构应当"切实履行对智能投顾资产管理业务的管理职责,因违法违规或者管理不当造成投资者损失的,应当承担相应的损害赔偿责任。开发机构应当诚实尽责、合理研发智能投顾算法,保证客户和投资者的数据安全,不得使用恶意代码损害投资者利益,如存在过错,金融机构有权向开发机构进行损失追偿或者要求承担相应的责任"。而"资管意见"正式发布稿第 23 条仅规定,"金融机构因违法违规或者管理不当造成投资者损失的,应当依法承担损害赔偿责任"。也就是说,正式发布稿删除了算法开发机构的责任内

[1] 参见高丝敏:《智能投资顾问模式中的主体识别和义务设定》,载《法学研究》2018 年第 5 期。

[2] 参见王灏:《智能投资顾问服务之法律风险承担》,载《暨南学报(哲学社会科学版)》2019 年第 8 期。

[3] 参见陈雪:《人工智能时代智能投顾民事责任认定研究》,载《海南金融》2019 年第 7 期。

容,并要求金融机构承担对智能投顾算法的管控责任,与上述思路是相同的。

第二节 我国针对智能投顾的规定及问题

一、“资管意见”的规定及问题

“资管意见”第23条第1款是对投资建议型智能投顾的规定,并将其纳入投资顾问或投资咨询的规制框架,具备投资顾问资质的金融机构和非金融机构都可以开展此项业务。第2款是对全权委托型智能投顾的规定,并将其纳入资产管理的规制框架,只有具备资产管理资质的金融机构才能开展此项业务。对于前者,由于其本身属于不包含全权委托投资功能的狭义投资顾问范畴,因此除了“资管意见”外,还可以适用前述《证券法》《证券、期货投资咨询管理暂行办法》《证券投资顾问业务暂行规定》等法律法规中的相关规则。对于后者,则主要依靠“资管意见”中的特别规定来进行调整。

投资建议型智能投顾只包含有咨询建议功能,因而无法向客户提供全流程的自动化理财服务。事实上,对于传统的只提供投资建议的投资咨询公司而言,缺乏可行的盈利模式是一直是其生存困难的根本原因。[1] 客户需要将自己从交易执行和账户持续监督中解放出来,通常不愿意仅仅为了投资建议而付费。所以,单纯依靠提供投资建议来盈利,在商业上不是一种可以持续的盈利模式,因为其没能真正满足客户个性化财富管理的需求。[2] 而在此种业务模式中加入对人工智能技术的使用并不会带来什么

---

〔1〕 参见李延振、徐茂龙:《关于推进证券投资咨询制度变革的若干思考》,载《证券市场导报》2010年第1期。

〔2〕 参见沈朝晖:《证券投资咨询行业升级、两阶牌照与法制改革》,载《证券市场导报》2017年第12期。

改变。而且,此种业务上的局限性还可能导致投资建议型智能投顾商业模式的异化,并影响其服务效果:一是智能投顾通过推荐交易费用过高的产品,或者频繁建议进行申赎交易,从卖方赚取佣金;二是客户真正下单交易的时间往往滞后于智能投顾的建议时间,影响投资效果;三是投资组合经常需要根据最新的情况进行调整,而客户的时间和精力有限,往往无暇根据频繁变化的投资建议进行调仓。[1]

可见,真正能满足市场需求且具有广阔发展前途的是全权委托型智能投顾。针对这类智能投顾,“资管意见”第 23 条第 2 款规定,“金融机构运用人工智能技术开展资产管理业务应当严格遵守本意见有关投资者适当性、投资范围、信息披露、风险隔离等一般性规定”。首先,规则适用上的问题在于,“资管意见”与这四个方面内容相关的规定散见于各处,而且有些是强相关,有些是弱相关,有些是直接相关,有些是间接相关,究竟哪些规定对于智能投顾业务而言必须遵守,并不明确。其次,更重要的是,整个“资管意见”的内容实际上都是围绕着金融机构的资产管理产品而建立的,即使是有些相关度很高的条款,严格来说都难以直接适用于全权委托型智能投顾。

在投资者适当性方面,如“资管意见”第 6 条要求“金融机构发行和销售资产管理产品,应当坚持‘了解产品’和‘了解客户’的经营理念,加强投资者适当性管理,向投资者销售与其风险识别能力和风险承担能力相适应的资产管理产品”。虽然这是对作为卖方的金融机构在发行和销售资产管理产品时承担的适当性义务的通常表述,但此种适当性义务明显低于买方投资顾问在向客户提供服务时应达到的标准。对卖方机构而言,其承担适当性义务的目的是确保投资者能够在充分了解相关金融产品、投资活动的

[1] 参见陈娟、熊伟:《智能投顾的业务属性和准入监管研究》,载《金融监管研究》2019 年第 4 期。

性质及风险的基础上作出自主决定,并承受由此产生的收益和风险。[1] 符合投资者风险识别能力和承受能力的产品很多,其推介和销售的产品只要在这个范围之内,就满足了此种适当性义务。但对于作为买方投资顾问的智能投顾而言,其建议甚至代为决策、买入的产品必须达到能够满足客户个性化需求的标准。此外,"资管意见"第16条要求"金融机构应当做到每只资产管理产品所投资资产的风险等级与投资者的风险承担能力相匹配,做到每只产品所投资资产构成清晰,风险可识别"。这实际上是对每只资产管理产品的投资风险控制要求,强调的是所投资资产的风险等级与投资者的风险承担能力相匹配,也是一种较低的要求,并未要求考虑单个投资者的个性化需求。由于单只资产管理产品通常有大量的投资者,事实上也无法要求其达到此标准。

在投资范围方面,如"资管意见"第4条按照固定收益类产品、权益类产品、商品及金融衍生品类产品和混合类产品等对其投资各类资产的比例限制作出了规定,[2]第10条按照公募产品和私募产品的分类对其各自的

---

[1] 《全国法院民商事审判工作会议纪要》第72条指出,适当性义务是指卖方机构在向金融消费者推介、销售银行理财产品、保险投资产品、信托理财产品、券商集合理财计划、杠杆基金份额、期权及其他场外衍生品等高风险等级金融产品,以及为金融消费者参与融资融券、新三板、创业板、科创板、期货等高风险等级投资活动提供服务的过程中,必须履行的了解客户、了解产品、将适当的产品(或者服务)销售(或者提供)给适合的金融消费者等义务。卖方机构承担适当性义务的目的是确保金融消费者能够在充分了解相关金融产品、投资活动的性质及风险的基础上作出自主决定,并承受由此产生的收益和风险。在推介、销售高风险等级金融产品和提供高风险等级金融服务领域,适当性义务的履行是"卖者尽责"的主要内容,也是"买者自负"的前提和基础。

[2] "资管意见"第4条第1款、第2款规定:"资产管理产品按照募集方式的不同,分为公募产品和私募产品。公募产品面向不特定社会公众公开发行。公开发行的认定标准依照《中华人民共和国证券法》执行。私募产品面向合格投资者通过非公开方式发行。资产管理产品按照投资性质的不同,分为固定收益类产品、权益类产品、商品及金融衍生品类产品和混合类产品。固定收益类产品投资于存款、债券等债权类资产的比例不低于80%,权益类产品投资于股票、未上市企业股权等权益类资产的比例不低于80%,商品及金融衍生品类产品投资于商品及金融衍生品的比例不低于80%,混合类产品投资于债权类资产、权益类资产、商品及金融衍生品类资产且任一资产的投资比例未达到前三类产品标准。非因金融机构主观因素导致突破前述比例限制的,金融机构应当在流动性受限资产可出售、可转让或者恢复交易的15个交易日内调整至符合要求。"

投资范围作出了规定。[1] 但这些针对资产管理产品的分类方法和投资范围要求对智能投顾而言并不适用。即使智能投顾的广告宣传是公开且面向社会的，但由于其并不是把多个客户的资产集合起来管理，因此并不属于公募产品；智能投顾服务也不限于通过非公开渠道向合格投资者推介，因此也不属于私募产品。此外，智能投顾任何交易决定的作出都要考虑客户的个人情况，客户的个人情况发生变化，则投资组合中各类资产的配比也会发生变化，因而也不存在根据投资性质所作的划分。在现实中，大多数智能投顾的投资范围以各类指数基金和公募基金为主，其限制主要来自当事人的约定和客户的风险承受能力，在法律上没有必要对其进行规定。

在信息披露方面，如"资管意见"第 12 条要求"金融机构应当向投资者主动、真实、准确、完整、及时披露资产管理产品募集信息、资金投向、杠杆水平、收益分配、托管安排、投资账户信息和主要投资风险等内容"。这是针对通常的资产管理产品的一般性披露要求。对于智能投顾而言，由于其没有募集过程，因此不存在募集信息。事实上，智能投顾在信息披露中更重要的是对其商业模式和利益冲突情况的披露。

在风险隔离方面，如"资管意见"第 13 条要求"金融机构开展资产管理业务，应当确保资产管理业务与其他业务相分离，资产管理产品与其代销的金融产品相分离，资产管理产品之间相分离，资产管理业务操作与其他业务操作相分离"，第 15 条要求"金融机构应当做到每只资产管理产品的资金单独管理、单独建账、单独核算"。如果能将每个智能管理账户都定义为"一只资产管理产品"，那么这两项规定适用于智能投顾似乎也没有太大

---

〔1〕 "资管意见"第 10 条规定："公募产品主要投资标准化债权类资产以及上市交易的股票，除法律法规和金融管理部门另有规定外，不得投资未上市企业股权。公募产品可以投资商品及金融衍生品，但应当符合法律法规以及金融管理部门的相关规定。私募产品的投资范围由合同约定，可以投资债权类资产、上市或挂牌交易的股票、未上市企业股权（含债转股）和受（收）益权以及符合法律法规规定的其他资产，并严格遵守投资者适当性管理要求。鼓励充分运用私募产品支持市场化、法治化债转股。"

问题。但从该意见第3条[1]和第4条[2]的规定来看,智能管理账户似乎并不属于其中的任何一种资产管理产品类型,且很明显其也没有通常资产管理产品所具备的“发行”程序。从第23条第3款中“金融机构应当根据不同产品投资策略研发对应的人工智能算法或者程序化交易”的表述来看,由于不可能为每一个智能管理账户研发单独的智能算法,因此“资管意见”在智能投顾的场合其实是将使用相同算法程序的每一种智能投顾服务视为一个“产品”。但每种智能投顾服务对应着多个客户的多个智能管理账户,如适用前述第13条和第15条的规定,则只是要求不同类型的智能投顾服务之间的风险隔离,而同类智能投顾服务下不同智能管理账户之间不用隔离,这显然是不合理的。

二、智能投顾信义规则的性质

针对全权委托型智能投顾,我国“资管意见”试图用普通资产管理产品的相关信义规则来进行规制,产生了削足适履的效果。笔者认为,以信义义务规制智能投顾,其特殊性体现在两个方面:一是智能投顾所采用的全权委托账户管理规范方案,不同于通常的以信托关系为基础的资产管理产品规范方案,导致其信义规则具有特殊性;二是由于智能投顾采用了人工智能技术,因此在落实其信义义务的规则上具有特殊性,且需要一些监管规则来辅助其达到信义义务的标准。就前者而言,“资管意见”的现行规定出现了偏差。就后者而言,虽然“资管意见”作出了一些规定,但仍有改进空间。

事实上,“资管意见”主要规范的是以信托为基础法律关系的资产管理

---

[1] “资管意见”第3条规定,资产管理产品包括但不限于人民币或外币形式的银行非保本理财产品,资金信托,证券公司、证券公司子公司、基金管理公司、基金管理子公司、期货公司、期货公司子公司、保险资产管理机构、金融资产投资公司发行的资产管理产品等。

[2] “资管意见”第4条规定,资产管理产品按照募集方式的不同,分为公募产品和私募产品;按照投资性质的不同,分为固定收益类产品、权益类产品、商品及金融衍生品类产品和混合类产品。

产品。[1] 在此种规范方案下,资产管理产品本身即为独立的信托财产,投资者根据不同产品的募集说明购买适合自己的产品,进而持有其一定份额,但是对产品内的资产不享有直接权利。该产品管理人在后续投资管理过程中会在募集文件授权的范围内独立行使决策权,任何单一投资者的个人情况及变化并不会构成对其投资决定的约束。而智能投顾的全权委托投资服务是通过智能管理账户实现的,即由智能投顾直接对每个客户的账户进行管理和操作,基本法律关系是委托代理。在此种规范方案中,客户直接持有账户中的证券和基金并享有直接的权利,保留有向管理人提出合理限制条件的权利,以及对账户投资策略和投资方案的干预权和最终决定权。[2]

正如机构也会聘用投资顾问一样,机构也会运用智能工具,而且比客户有机会使用智能工具要早得多。[3] 当金融机构运用智能工具替代传统的投资顾问或管理人来管理资产管理产品时,这种智能工具就是"面向金融专业人士的"(financial professional-facing)工具;与之相对应的是"面向客户的"(client-facing)工具,即通常我们所说的智能投顾服务中客户直接使用的智能工具。[4] 对前一种智能工具的规制,事实上可以参照适用我国"资管意见"中的相关规则。也就是说,如果金融机构发行使用人工智能技术来实现资产管理和配置的产品,那么"资管意见"中围绕信托型资产管理产品建立的规则体系是可以参照适用的。但是,对于后一种智能工具来说,则不能直接适用"资管意见"中针对管理人的管理行为和金融机构销售

---

〔1〕 参见王涌:《让资产管理行业回归大信托的格局》,载《清华金融评论》2018 年第 1 期;赵廉慧:《〈信托法〉是调整资管业务的基本法》,载《当代金融家》2018 年第 11 期;沈伟、李术平:《迈向统一监管的资管新规:逻辑、工具和边界》,载《财经法学》2019 年第 5 期。

〔2〕 参见钟维:《中国式智能投顾:规制路径与方案选择》,载《中国人民大学学报》2020 年第 3 期。

〔3〕 See Benjamin P. Edwards, *The Rise of Automated Investment Advice: Can Robo-Advisers Rescue the Retail Market*, 93 Chicago-Kent Law Review 97, 106 (2018).

〔4〕 See FINRA, *Report on Digital Investment Advice* 2 (2016), http://www.finra.org/sites/default/files/digital-investment-advice-report.pdf.

行为的规则。在客户使用智能投顾的场合,与其聘用人类投资顾问的场合更加类似,而不同于投资者与资产管理产品的管理人、发行人和销售商之间的关系。因此,对于智能投顾而言,应当采用更加接近于投资顾问的规制框架,而非信托型资产管理产品的规制框架。

第三节　投资顾问背景下的信义义务

一、我国规则

根据我国现行法规,证券、期货投资咨询是指从事证券、期货投资咨询业务的机构及其投资咨询人员为证券、期货投资人或者客户提供证券、期货投资分析、预测或者建议等直接或者间接有偿咨询服务的活动。[1] 而证券投资顾问业务是证券投资咨询业务的一种基本形式,是指证券公司、证券投资咨询机构接受客户委托,按照约定,向客户提供涉及证券及证券相关产品的投资建议服务,辅助客户作出投资决策,并直接或者间接获取经济利益的经营活动。投资建议服务内容包括投资的品种选择、投资组合以及理财规划建议等。[2] 相关规定对投资顾问的定义中的"辅助投资者作出投资政策"一语,强调了现有监管框架下投资咨询与委托理财、资产管理的区别。易言之,证券投资顾问仅仅提供各类投资建议,投资者是否接受,由其自行决定,投资顾问对其账户和财产并不具有支配力或控制力。[3]

---

〔1〕 证券、期货投资咨询的业务形式包括:(1)接受投资人或者客户委托,提供证券、期货投资咨询服务;(2)举办有关证券、期货投资咨询的讲座、报告会、分析会等;(3)在报刊上发表证券、期货投资咨询的文章、评论、报告,以及通过电台、电视台等公众传播媒体提供证券、期货投资咨询服务;(4)通过电话、传真、电脑网络等电信设备系统,提供证券、期货投资咨询服务;(5)中国证券监督管理委员会认定的其他形式。参见《证券、期货投资咨询管理暂行办法》第2条。

〔2〕 参见《证券投资顾问业务暂行规定》第2条。

〔3〕 参见甘培忠、周淳:《证券投资顾问受信义务研究》,载《法律适用》2012年第10期。

投资顾问的信义义务包括注意义务与忠实义务。[1] 我国法律法规以及各种监管文件、业务规则都要求投资顾问对客户承担信义义务。例如,《证券投资顾问业务暂行规定》第 4 条规定:“证券公司、证券投资咨询机构及其人员应当遵循诚实信用原则,勤勉、审慎地为客户提供证券投资顾问服务。”第 5 条规定:“证券公司、证券投资咨询机构及其人员提供证券投资顾问服务,应当忠实客户利益,不得为公司及其关联方的利益损害客户利益;不得为证券投资顾问人员及其利益相关者的利益损害客户利益;不得为特定客户利益损害其他客户利益。”一般认为,这两个条文即分别规定了投资顾问的注意义务和忠实义务。[2] 此外,《证券、期货投资咨询管理暂行办法》第 19 条亦要求:“证券、期货投资咨询机构及其投资咨询人员,应当以行业公认的谨慎、诚实和勤勉尽责的态度,为投资人或者客户提供证券、期货投资咨询服务。”中国证监会机构部《关于做好公开募集证券投资基金投资顾问业务试点工作的通知》第 4 条规定:“试点机构从事基金投资顾问业务,应当遵守法律、行政法规和本通知要求,遵循客户利益优先原则,诚实守信、谨慎勤勉为客户提供服务,建立健全内部控制制度,加强合规管理和风险控制,有效识别、评估和处理利益冲突,强化从业人员行为管控,切实维护客户合法权益。”中国证券业协会《账户管理业务规则(征求意见稿)》第 3 条规定:“持牌机构及其人员应当遵循诚实信用原则,勤勉、

---

〔1〕 See Proxy Voting by Investment Advisers, Investment Advisers Act Release No. 2106 (Jan. 31, 2003). 我国学者论述,参见倪受彬、张艳蓉:《证券投资咨询机构的信义义务研究》,载《社会科学》2014 年第 10 期。也有学者认为,投资顾问信义义务的内容除了注意义务和忠实义务以外,还包括披露义务。参见甘培忠、周淳:《证券投资顾问受信义务研究》,载《法律适用》2012 年第 10 期。笔者认为,披露义务实为投资顾问忠实义务的主要内容之一。

〔2〕 参见高丝敏:《智能投资顾问模式中的主体识别和义务设定》,载《法学研究》2018 年第 5 期;郑佳宁:《论智能投顾运营者的民事责任——以信义义务为中心的展开》,载《法学杂志》2018 年第 10 期。也有学者认为,《证券投资顾问业务暂行规定》第 15 条规定的“证券投资顾问应当根据了解的客户情况,在评估客户风险承受能力和服务需求的基础上,向客户提供适当的投资建议服务”,才是对投资顾问注意义务的规定。参见倪受彬、张艳蓉:《证券投资咨询机构的信义义务研究》,载《社会科学》2014 年第 10 期。

尽责、审慎地为客户提供账户管理服务,保证客户利益优先,保障客户账户安全,实现客户利益最大化。”

由于全权委托型智能投顾不仅包含投资建议功能,还包含全权委托下的交易代执行和投资组合再平衡功能,因此,类似我国《证券、期货投资咨询管理暂行办法》和《证券投资顾问业务暂行规定》中的那些针对狭义投资顾问的信义规则是不够的。而中国证监会机构部《关于做好公开募集证券投资基金投资顾问业务试点工作的通知》和中国证券业协会《账户管理业务规则(征求意见稿)》中的信义规则框架则相对要更加接近于此种要求。当然,虽然如前文所述,这两个文件都存在各自的问题,因而也难以直接适用于智能投顾,但也是研究我国投资顾问的本土信义规则的素材。

二、投资顾问信义义务的内涵

向投资顾问课以信义义务,是由投资顾问与客户之间关系的性质,即信赖与信任关系所决定的。[1] 信义义务是对投资顾问行为标准的更高要求。卡多佐法官在迈因哈德诉塞门案(Meinhard v. Salmon)中即指出:“很多日常生活中容许的行为方式是为受信义关系约束的人所禁止的。受托人受到比市场道德更严格的约束。不仅仅是要诚实,对最为敏感的道义的严守才是行为的标准。”[2] 作为受托人,投资顾问必须避免与客户产生利益冲突,禁止过度或不公平地利用客户的信任。投资顾问对客户所承担的不仅仅是诚实和诚信义务,还必须对有意识和无意识提供不公正建议的可能性保持敏感,即使其不打算伤害客户,甚至即使客户没有遭受金钱损失,也有可能构成违约。[3]

---

〔1〕 See SEC v. Capital Gains Research Bureau, Inc., 375 U.S. 180 (1963).

〔2〕 Meinhard v. Salmon, 164 N.E. 545 (N.Y. 1928).

〔3〕 See SEC v. Capital Gains Research Bureau, Inc., 375 U.S. 180 (1963).

信义义务的基本内容包括注意义务和忠实义务。其中,注意义务要求投资顾问“尽到合理的尽职调查义务,以确定所做出的投资建议没有被重大的不准确或不完整的信息所误导”,[1]应当基于客户的目标,为了客户最佳利益提供投资建议。而忠实义务要求投资顾问“应以客户的最大利益行事,不得将自己的利益置于客户的利益之上”,[2]必须消除或者充分完整地披露那些可能使其有意或无意提供不公正建议的利益冲突,这样客户就能在对利益冲突知情的基础上决定是否同意。这种信义义务要求投资顾问“采纳委托人的目标、目的与意愿”。[3] 这就意味着投资顾问必须在任何时候服务于客户的最佳利益,不使客户利益服从于自己的利益。换言之,投资顾问不能把自己利益置于客户利益之上。这种注意义务与忠实义务的结合,则被描述为要求投资顾问始终为了客户的最佳利益行事。[4] 因此,法律赋予投资顾问广泛的信义义务,目的就是使其行为符合客户的最佳利益。对注意义务和忠实义务的违反,则会构成对信义义务的违反,同时会背离客户的最佳利益。例如,在皮萨罗诉家得宝公司案(Pizarro v. Home Depot, Inc.)中,原告即质疑被告没能通过谨慎而忠实的程序选择和保留一名投资顾问,从而为其构建资产配置组合。因为被告未能考虑或征求其他智能投顾的竞争性报价,而这些智能投顾能够以更低的价格提供类似的资产配置服务。除质疑受托人在程序上的不谨慎和忠实外,原告还声称,这些决定在实质上也导致其为所提供的服务支付了显著过高的投资顾问费。[5]

---

〔1〕 See Concept Release on the U. S. Proxy System, Investment Advisers Act Release No. 3052 (July 14, 2010).

〔2〕 See Proxy Voting by Investment Advisers, Investment Advisers Act Release No. 2106 (Jan. 31, 2003).

〔3〕 See Arthur B. Laby, *The Fiduciary Obligations as the Adoption of Ends*, 56 Buffalo Law Review 99 (2008).

〔4〕 See Amendments to Form ADV, Investment Advisers Act Release No. 3060 (July 28, 2010).

〔5〕 Pizarro v. Home Depot, Inc., 2020 WL 6939810 (N. D. 2020).

投资顾问及其客户可以通过协议对信义关系进行塑造，前提是要有充分公平的披露和知情同意。所有投资顾问对其每个客户都负有信义义务，但必须在投资顾问与客户之间商定的关系范围内来看待这一信义义务。具体而言，投资顾问信义义务所产生的具体责任，取决于投资顾问作为代理人同意为其客户即委托人承担何种职能。虽然投资顾问信义义务的适用因关系范围而不同，但在所有情况下，这种关系仍然是受信人对客户的关系。换言之，尽管投资顾问信义义务系以一种反映商定的关系范围的方式在适用，但是该义务不能被放弃。意在宽泛地免除投资顾问信义义务的合同条款，如投资顾问不以受信人行事的声明，或者对利益冲突的一般性豁免，或者免除投资顾问的任何具体责任，不管客户的成熟程度如何，均有悖于投资顾问信义义务的法定要求。[1]

三、基础框架、特殊问题及监管回应

新技术的引入对于金融服务业而言并不是一个新鲜事物，过去所引入的新技术如今人们早已司空见惯并内化于相应的规则中，而未来新的技术仍将会源源不断地被运用于这一最赚钱的行业。因此，没有必要过于夸大新技术的使用所带来的影响，而应当根据此种业务的本质属性将其纳入既有的监管框架，并要求其遵循经过多年验证行之有效的监管规则。但是，基础监管框架也应当保持足够的灵活性和包容性，以容纳新技术的使用对相应业务形态、相关当事人法律关系等造成的微妙变化，否则不仅会以既有的严苛规则裁剪社会对新金融服务业态的需求，事实上阻碍金融服务业对新技术的使用；而且由于监管规则未能因应新的变化而进行调适，事实上对辅助新金融服务业态达到相应的监管要求也没有帮助。投资顾问与客户关系的范围是非常广泛的，而原则导向的信义义务提供了足够的灵活

---

〔1〕 See SEC, *Commission Interpretation Regarding Standard of Conduct for Investment Advisers*, 84 Federal Register 33669, 33670 – 33672 (2019).

性，可作为投资顾问的有效行为标准，而无论其所提供的服务类型或所服务的客户类型如何。信义义务的规则和标准具有足够的灵活性和包容性，智能投顾可以而且也应当被纳入信义义务的监管框架中，[1]并由该项业务的经营者承担最终的责任。

落实全权委托型投资顾问信义义务的基本规则主要体现在适当与合理建议、最佳执行、全程监督、重要事实披露、自营交易与交叉交易等方面。[2] 其中，最佳执行、自营交易与交叉交易是仅提供投资建议的狭义投资顾问的信义规则所不具备的。此外，考虑到智能投顾对人工智能技术的运用，使在落实其信义义务的规则上具有一定的特殊性。智能投顾适用信义义务的特殊性要求其除遵循投资顾问信义义务的一般规则之外，还应当在商业模式、信息披露，以及算法的开发、使用、报备与披露等方面，遵守一些特殊的监管规则，以辅助其相关行为达到信义义务标准。其中，上述的重要事实披露、自营交易与交叉交易主要通过智能投顾的信息披露解决；适当与合理建议主要体现在智能投顾适当性义务的履行上；另外，包括适当与合理建议、最佳执行、全程监督等，都涉及智能投顾的算法规制。在智能投顾的信息披露、适当性义务和算法规制等方面，监管机构及其制定的监管规则都应当有所作为，以辅助智能投顾的相关行为达到信义义务的标准，真正落实其信义义务。

---

〔1〕 See SEC, *Guidance Update: Robo-Advisers* 2 (2017), https://www.sec.gov/files/2017-03/im-guidance-2017-02.pdf.

〔2〕 See SEC, *Study on Investment Advisers and Broker-Dealers* 22-29 (2011), https://www.sec.gov/files/913studyfinal.pdf; SEC, *Regulation of Investment Advisers of the U.S. Securities and Exchange Commission* 23-31 (2013), https://www.sec.gov/about/offices/oia/oia_investman/rplaze-042012.pdf; SEC, *Commission Interpretation Regarding Standard of Conduct for Investment Advisers*, 84 Federal Register 33669, 33671-33678 (2019).

第四节　投资顾问的注意义务

投资顾问的注意义务主要包括提供符合客户最佳利益的适当建议义务，为投资建议确立且合理依据的义务，为客户交易寻求最佳执行的义务，以及提供建议后进行全程监督的义务。

一、适当建议

投资顾问的注意义务要求其提供符合客户最佳利益的投资建议。因此，投资顾问应当向他们的客户承担只向其提供适当的建议的义务。[1] 为履行该义务，投资顾问必须对客户的财务状况、投资经验和投资目标进行合理调查，并合理确定所提供的投资建议是否适合客户。此外，投资顾问应当定期更新客户信息，以便根据情况的变化调整提供给客户的建议。[2]

我国相关业务规则存在这方面的要求。例如，《证券投资顾问业务暂行规定》第 11 条规定，证券公司、证券投资咨询机构向客户提供证券投资顾问服务，应当按照公司制定的程序和要求，了解客户的身份、财产与收入状况、证券投资经验、投资需求与风险偏好，评估客户的风险承受能力，并以书面或者电子文件形式予以记载、保存。第 15 条规定，证券投资顾问应当根据了解的客户情况，在评估客户风险承受能力和服务需求的基础上，向客户提供适当的投资建议服务。

中国证监会机构部《关于做好公开募集证券投资基金投资顾问业务试点工作的通知》第 5 条规定，试点机构从事基金投资顾问业务，应当按规定

---

[1] See Status of Investment Advisory Programs under the Investment Company Act of 1940, Investment Company Act Release No. 22579 (Mar. 24, 1997).

[2] See Suitability of Investment Advice Provided by Investment Advisers, Investment Advisers Act Release No. 1406 (Mar. 16, 1994).

履行适当性义务,全面了解客户情况,深入评估客户的风险识别能力、风险承受能力、投资目标,准确界定基金投资组合策略的风险特征,向客户提供符合其风险识别能力和承受能力的基金投资组合策略。试点机构应当定期对客户风险承受能力进行再评估,发现客户风险承受能力可能产生重大变化的,应当及时启动评估并更新风险等级。试点机构应当合理评估,准确界定基金投资组合策略的风险特征,法律法规对特定基金品种合格投资人范围有特别规定的,相关基金投资组合策略的风险特征不得低于有关规定。

中国证券业协会《账户管理业务规则(征求意见稿)》第 8 条规定,参与账户管理业务的客户需要符合该规则客户适当性管理的要求;投资顾问应与客户沟通交流,充分了解客户的财务状况、投资知识、投资经验、投资目标、风险偏好等信息,对客户的风险承担能力进行评估;持牌机构应当对其账户管理投资配置方案进行风险评估,资产配置方案应当与客户的风险承担能力相匹配。第 9 条规定,投资顾问应当根据客户的投资目标和风险偏好以及风险承担能力,制定相应的投资策略,确定具体的投资方案,包括投资范围、投资限制等,在客户确认并同意后由持牌机构以适当形式存档。

为了提供此种建议,投资顾问必须对客户目标有合理理解,而此种合理理解的基础,对于散户客户来说通常包括了解其投资画像,对机构投资者来说则是了解其投资使命。[1] 投资顾问如何合理理解客户目标,将根据具体的事实和情况,包括客户的性质,投资顾问与客户关系的范围,以及预期的投资建议的性质和复杂性而有所不同。为了实现对散户客户目标的合理理解,投资顾问至少应当合理探寻客户的财务状况、金融成熟度、投资经验与财务目标(统称为散户客户的"投资画像")。例如,为散户客户制订全面财务规划的投资顾问,通常需要获得一系列与客户个人和财务相关

---

〔1〕 See SEC, *Commission Interpretation Regarding Standard of Conduct for Investment Advisers*, 84 Federal Register 33669, 33673 (2019).

的信息，如当期收入、投资、资产和负债、婚姻状况、税务状况、保险单和财务目标等。[1] 在合理探寻投资者画像之后，通常来说，投资顾问依赖客户或者客户代理人提供的关于客户财务情况的信息，就是合理的。如果事后表明客户在作为投资建议基础的信息方面误导了投资顾问，就不能认为投资顾问未从客户最佳利益出发提供建议。此外，散户客户的投资顾问通常需要更新客户的投资画像，维持对客户目标的合理理解，并调整投资建议以反映任何已经发生变化的情况。投资顾问需要更新客户的投资画像，以变更其所提供投资建议的频率，其本身取决于相关事实和情况，包括投资顾问是否知道已经发生的、可能导致其据以做成目前投资建议的投资画像不准确或不完整的事件。例如，在投资顾问还持续提供咨询意见的财务规划情况下，相关税法的变更，或者知道客户已经退休或经历了婚姻状况变化，都会触发进行重新探寻的义务。与之相对的，如果是给机构客户提供投资建议，对客户目标进行合理探寻的性质与范围一般是由这些客户的具体投资授权决定的。例如，负责就机构客户的投资级债券组合提供咨询意见的投资顾问，需要对该债券组合内的客户目标而非客户整个投资组合的目标有合理了解。与此类似，如果投资顾问的客户是注册投资公司或私募基金，则必须对基金的投资准则与目标有合理的了解。对于为机构客户尤其是基金执行具体投资授权的投资顾问而言，更新客户目标的义务就不适用，除非投资顾问协议中另有约定。

对于那些违反了提供适当建议义务的投资顾问，监管机构就会采取相应的执法行动。例如，在乔治·E. 布鲁克斯联合公司案(George E. Brooks & Associates, Inc.)中，投资顾问未能适当分散投资目标保守的客户的全权委托账户中的投机性高风险股票，并对其进行了不适当的交易，而且其中

---

〔1〕 See Suitability of Investment Advice Provided by Investment Advisers, Investment Advisers Act Release No. 1406 (Mar. 16, 1994).

许多客户年龄较大,几乎没有投资经验。[1] 在菲利普·A. 雷曼案(Philip A. Lehman)中,投资顾问对客户的个人退休账户提供了风险性投资建议,而没有考虑客户保守的投资目标和年龄。[2] 从域外经验来看,通常只有在投资顾问违反适当建议规则较为严重的情况下监管机构才会采取执法行动。[3]

需要注意的是,我国《证券、期货投资咨询管理暂行办法》第 25 条规定:"证券、期货投资咨询机构就同一问题向不同客户提供的投资分析、预测或者建议应当一致。具有自营业务的证券经营机构在从事超出本机构范围的证券投资咨询业务时,就同一问题向社会公众和其自营部门提供的咨询意见应当一致,不得为自营业务获利的需要误导社会公众。"这实际上是对投资咨询机构应当公平对待不同客户,以及公平对待社会公众与自营部门的要求。并不是说,投资咨询机构在向不同客户提供的咨询服务时,应当不考虑不同客户之间的具体情况差异,而提供统一的投资建议。向每一位客户提供的投资建议都应当是适合其具体情况的建议,否则是不符合适当建议的要求的。

对投资顾问不适当的激励有可能促使其向客户提供不符合其最佳利益的建议,机构应当在激励机制中应当尽量消除此种可能导致投资顾问与客户之间出现利益冲突的情况。例如,中国证监会机构部《关于做好公开募集证券投资基金投资顾问业务试点工作的通知》第 15 条第 2 款规定:"试点机构应当建立健全投资顾问人员的长期激励约束机制。投资顾问人员考核激励措施不得存在与基金销售费用挂钩等可能存在利益冲突的安排。以预收方式收取的基金投资顾问服务费在确认为投资顾问收入前,不

---

〔1〕 In the Matter of George E. Brooks & Associates, Inc., Investment Advisers Act Release No. 1746 (Aug. 17, 1998).

〔2〕 In the Matter of Philip A. Lehman, Investment Advisers Act Release No. 1831 (Sept. 22, 1999).

〔3〕 See Megan Ji, *Are Robots Good Fiduciaries? Regulating Robo-Advisors under the Investment Advisers Act of* 1940, 117 Columbia Law Review 1543, 1553 (2017).

得用于人员激励。”

二、合理建议

投资顾问必须对其投资建议确立合理、独立的建议依据。[1] 例如，在阿尔弗雷德·C.里佐案（Alfred C. Rizzo）中，美国证券交易委员会指出，投资顾问的建议缺乏合理依据，不能仅仅依赖于发行人“难以置信的自夸之词”。[2] 在巴斯金规划顾问公司案（Baskin Planning Consultants, Ltd.）中，美国证券交易委员会认为投资顾问对于向客户做出的建议，未尽到充分调查的义务。[3] 我国《证券投资顾问业务暂行规定》第16条规定：“证券投资顾问向客户提供投资建议，应当具有合理的依据。投资建议的依据包括证券研究报告或者基于证券研究报告、理论模型以及分析方法形成的投资分析意见等。”《证券、期货投资咨询管理暂行办法》第20条规定：“证券、期货投资咨询机构及其投资咨询人员，应当完整、客观、准确地运用有关信息、资料向投资人或者客户提供投资分析、预测和建议，不得断章取义地引用或者篡改有关信息、资料；引用有关信息、资料时，应当注明出处和著作权人。”

合理建议规则要求投资顾问必须合理相信其投资建议系基于客户目标且符合客户最佳利益。此种合理相信的形成，包括考虑诸如是否只向那些能够并愿意容忍相应投资风险的客户推荐投资，而且对他们来说，潜在收益与风险是相匹配的。[4]

第一，投资顾问必须向客户披露其投资分析和决策过程。如在美国，

---

[1] See SEC, *Regulation of Investment Advisers of the U. S. Securities and Exchange Commission* 24 (2013), https://www.sec.gov/about/offices/oia/oia_investman/rplaze-042012.pdf.

[2] In the Matter of Alfred C. Rizzo, Investment Advisers Act Release No. 897 (Jan 11, 1984).

[3] In the Matter of Baskin Planning Consultants, Ltd., Investment Advisers Act Release 1297 (Dec. 19, 1991).

[4] See SEC, *Commission Interpretation Regarding Standard of Conduct for Investment Advisers*, 84 Federal Register 33669, 33673-33674 (2019).

作为披露文件的ADV表格第2A部分第8项要求投资顾问描述其分析方法和投资策略等,还要求投资顾问解释其使用的每项重大投资策略或分析方法所涉及的重大风险,以及其推荐的特定证券类型,并在存在特别重大或不寻常风险的情况下提供更详细的说明。因此,投资顾问必须识别和解释其投资策略与其推荐的证券类型所涉及的某些风险。投资建议是否符合客户最佳利益,必须根据投资顾问为客户管理的投资组合与客户的目标来评估。例如,当投资顾问为具有保守投资目标的散户客户提供建议时,投资于某些衍生品以对冲利率风险或客户投资组合中的其他风险,可能符合客户最佳利益,而单独投资于某些定向投机衍生工具,可能不符合客户最佳利益。对同样的客户而言,以保证金交易方式投资特定证券,可能不符合客户最佳利益,而在没有使用保证金的情况下投资同样的证券,则可能符合客户的最佳利益。然而,向金融上成熟的客户,如具有适当风险容忍度的基金或其他成熟客户提供投资建议时,投资于此类衍生工具或保证金证券,或投资于流动性可能有限的其他复杂工具或其他产品,可能符合客户最佳利益。同样地,投资顾问在评估高风险产品,如仙股(penny stocks)[1]或其他交易清淡的证券是否符合散户客户的最佳利益时,通常应对此类投资是否适合散户客户的风险承受能力和投资目标进行更严格的审查。

第二,作为受托人,投资顾问的“注意义务要求其进行合理调查,以确定其建议是否基于重大的不准确或不完整的信息”。[2] 例如,在拉里·C.格罗斯曼案(Larry C. Grossman)中,投资顾问向客户推荐离岸私募投资基金,而在推荐前未实施独立或者合理调查,美国证券交易委员会据此追究

[1] 即交投清淡、价格长期低迷的股票。

[2] Concept Release on the U. S. Proxy System, Investment Advisers Act Release No. 3052 (July 14, 2010).

了注册投资顾问的一位负责人的法律责任。[1] 我国《证券、期货投资咨询管理暂行办法》第21条亦要求:"证券、期货投资咨询机构及其投资咨询人员,不得以虚假信息、市场传言或者内幕信息为依据向投资人或者客户提供投资分析、预测或建议。"

第三,与投资建议相关的成本(包括费用和补偿)通常是确定一种证券或者涉及一种或多种证券的投资策略是否符合客户最佳利益时考虑的许多重要因素之一,其他因素诸如投资产品或策略的投资目标、特性、流动性、风险和潜在收益、波动性、在各种市场和经济条件下的可能表现、时间范围和退出成本。在考虑类似的投资产品或策略时,信义义务不一定要求投资顾问推荐成本最低的投资产品或策略。此外,如果投资顾问只是建议客户投资于最低成本(对客户来说)或最低报酬(对投资顾问来说)的投资产品或投资策略,而不是基于其为客户管理的投资组合进一步分析其他因素与客户投资目标,则不能认为履行了提供符合客户最佳利益投资建议的信义义务。相反,如果投资顾问合理地得出结论,认为有关投资或策略的其他因素强过成本因素,根据客户目标投资或策略符合客户最佳利益,则投资顾问可以推荐成本较高的投资或策略。例如,与投资于公众公司的基金相比,私募股权基金收费相对较高、流动性显著较低,投资顾问建议具有高风险容忍度和足够投资经验的客户投资于私募股权基金,如果该私募股权基金因提供了与客户整体投资组合相适应的资产类别的敞口,从而符合客户最佳利益,则应认为投资顾问尽到了信义义务。

第四,投资顾问在提供账户类型的建议时也需要遵循合理建议规则,包括是否开立某一类型的账户(如基于佣金的经纪账户或基于收费的顾问账户)或者通过该账户投资,以及是否将资产从一个账户(如退休账户)转到投资顾问或其附属机构管理的新账户或现有账户。投资顾问有关"转

---

[1] In the Matter of Larry C. Grossman, Investment Advisers Act Release No. 4543 (Sept. 30, 2016).

户”的建议,除任何有关待转户资产的投资或投资策略的建议外,还包括有关账户类型的建议,因为该等建议必然包括有关资产转入的账户类型的意见。在提供关于账户类型的建议时,投资顾问应考虑其提供的所有类型的账户,并在其提供的账户类型不符合客户最佳利益时向客户确认。

三、最佳执行

当投资顾问有责任选择经纪商来执行客户交易时(通常是在全权委托账户的情况下),其有义务为客户的证券交易寻求最佳执行。[1] 在履行这一义务时,投资顾问必须设法使自己的每一位客户的每笔交易的总成本或收益在各种情况下都是最有利的。[2] 中国证券业协会《账户管理业务规则(征求意见稿)》第25条规定:“持牌机构开展账户管理业务进行交易要坚持如下原则:(一)争取最佳执行价格原则;(二)坚持对客户有利原则;(三)公平对待不同账户的交易;(四)严格禁止在违反客户投资目标、策略、财政能力及风险承受能力情况下,为赚取手续费而进行的过度交易。”该规定强调的主要是最佳执行价格,但投资顾问的最佳执行要求并不限于价格。投资顾问要履行这一职责,需要在交易时的特定情况下抱着使客户的价值最大化的目的来代表客户寻求执行证券交易,而价值的最大化不仅仅意味着成本的最小化。[3] 这一义务不同于经纪商的最佳执行义务,后者通常侧重于执行订单的价格,而不考虑经纪商的报酬,而投资顾问责任要

---

〔1〕 See Investment Advisers Act Rule 206(3)-2(c); Commission Guidance Regarding Client Commission Practices Under Section 28(e) of the Securities Exchange Act of 1934, Exchange Act Release No. 54165 (July 18, 2006); Amendments to Form ADV, Investment Advisers Act Release No. 3060 (July 28, 2010); In the Matter of Kidder Peabody & Co., Inc., Investment Advisers Act Release No. 232 (Oct. 16, 1968).

〔2〕 See Interpretive Release Concerning the Scope of Section 28(e) of the Securities Exchange Act of 1934 and Related Matters, Exchange Act Release No. 23170 (Apr. 23, 1986).

〔3〕 See SEC, *Commission Interpretation Regarding Standard of Conduct for Investment Advisers*, 84 Federal Register 33669, 33674-33675 (2019).

求其考虑客户的总交易成本。[1] 为了寻求最佳执行,投资顾问在挑选执行客户交易的经纪商时应当考虑其经纪服务的整体范围和质量,包括但不限于经纪商的执行能力、佣金率、偿付能力、对投资顾问的响应能力,以及所提供的研究服务的价值。换言之,决定性因素并非最低的可能佣金成本,而是交易是否代表着最佳质量的执行。为履行这一职责,投资顾问应当定期和系统地评估经纪商为客户所做的交易执行情况。[2]

关于投资顾问的最佳执行义务,还有若干实践问题值得讨论。

第一,当投资顾问使用关联经纪商去执行客户交易时会涉及利益冲突。例如,使用关联经纪商可能会激励投资顾问更频繁地反复进行账户交易。[3] 因此,投资顾问应进行充分公正的披露,并获得客户的知情同意。[4] 此种披露应当包括投资顾问将从经纪商那里获得的与此等交易相关的任何报酬。[5] 在福尔杰诺兰弗莱明道格拉斯资本管理公司案(Folger Nolan Fleming Douglas Capital Management, Inc.)中,投资顾问与客户达成协议,将交易转由其关联经纪商执行,却没有披露佣金率为非关联经纪商的2倍,因而就受到了相应的指控。[6]

第二,当投资顾问机构同时开展基金销售业务,或推介关联公司提供的基金产品时,基金销售费用、客户维护佣金等事实上也构成客户的成本,

---

[1] See SEC, *Regulation of Investment Advisers of the U. S. Securities and Exchange Commission* 53 (2013), https://www.sec.gov/about/offices/oia/oia_investman/rplaze-042012.pdf.

[2] See Interpretive Release Concerning the Scope of Section 28(e) of the Securities Exchange Act of 1934 and Related Matters, Exchange Act Release No. 23170 (Apr. 23, 1986).

[3] See SEC, *Regulation of Investment Advisers of the U. S. Securities and Exchange Commission* 26 (2013), https://www.sec.gov/about/offices/oia/oia_investman/rplaze-042012.pdf.

[4] See Interpretation of Section 206(3) of the Advisers Act of 1940, Investment Advisers Act Release No. 1732 (July 17, 1998).

[5] See Applicability of the Investment Advisers Act to Financial Planners, Pension Consultants, and Other Persons Who Provide Investment Advisory Services as a Component of Other Financial Services, Investment Advisers Act Release No. 1092 (Oct. 8, 1987).

[6] In the Matter of Folger Nolan Fleming Douglas Capital Management, Inc., Investment Advisers Act Release No. 2639 (Aug. 23, 2007).

因此需要综合予以考虑。就此问题，中国证监会机构部《关于做好公开募集证券投资基金投资顾问业务试点工作的通知》第14条第2款规定："试点机构同时开展基金销售业务的，应当对基金销售费用的收取做出合理安排。向基金管理人收取客户维护费的，应当以客户维护费抵扣投资顾问服务费等方式避免利益冲突。"

第三，如果投资顾问在本可以通过直接与做市商交易避免支付不必要的佣金的情况下，聘请一个不为该证券做市的经纪商，他的做法通常不会被认为是最佳执行。[1]

第四，当客户指示投资顾问使用特定经纪商时，投资顾问就会被解除最佳执行的义务。但是，当投资顾问从指导交易中获益时，可能需要向客户进行额外披露。[2] 例如，在马克贝利公司案(Mark Bailey & Co.)中，投资顾问没有披露其未就指导交易进行佣金谈判，也没有披露投资顾问将更有能力就非指导交易的集中交易进行佣金谈判，因而违反了信义义务。[3]

第五，当投资顾问用客户支付的经纪佣金的一部分来支付研究和其他服务费用时，此种做法就会给投资顾问带来利益冲突，因为投资顾问是通过客户佣金获得经纪和研究服务，而不是用自己的资金购买这些服务。[4] 我国法律法规尚未就如何处理此类问题做出规定。美国《证券交易法》第28(e)条为投资顾问在特定情况下用客户佣金购买经纪和研究服务时违反信义义务提供了安全港规则。根据该条款，行使投资酌情权的投资顾问可

---

〔1〕 See In the Matter of Delaware Management Company, Inc., Securities Exchange Act Release No. 8128 (July 19, 1967).

〔2〕 See In the Matter of Jamison, Eaton & Wood, Inc., Investment Advisers Act Release No. 2129 (May 15, 2003).

〔3〕 In the Matter of Mark Bailey & Co., Investment Advisers Act Release No. 1105 (Feb. 24, 1988).

〔4〕 See Commission Guidance Regarding Client Commission Practices Under Section 28(e) of the Securities Exchange Act of 1934, Exchange Act Release No. 54165 (July 18, 2006).

合法地以高于其他经纪商所提供的费率向经纪商支付佣金,只要经纪交易商向投资顾问提供的服务满足3项条件:(1)限于"研究"[1]或"经纪业务"[2];(2)构成对投资顾问履行投资决策职责的合法和适当的协助;(3)投资顾问根据经纪和研究服务的价值善意地确定佣金是合理的。[3]投资顾问必须向客户披露任何此类安排,无论这些安排是否属于该条款安全港的范围,未披露收到用客户佣金购买的产品或服务的行为可能构成对信义义务的违反。

四、全程监督

投资顾问的注意义务,还包括在考虑商定的关系范围的情况下,以符合客户最大利益的频率提供建议和进行监督的义务。[4] 例如,当投资顾问与客户有持续关系,并定期以基于资产的收费作为补偿时,投资顾问提供建议和监督的职责将相对广泛,因为这与关系的性质是一致的。当然,投

---

〔1〕"研究"服务通常包括提供有关证券、投资组合策略和账户表现的建议、分析或报告,这意味着研究必须反映与影响投资顾问投资决策的法定主题相关的推理或知识的表述。美国证券交易委员会认为,具有"固有有形或物理属性"的产品或服务不符合这一标准。就"研究"服务的具体认定而言:第一,通常属于安全港的产品或服务包括传统研究报告、市场数据、与研究分析师的讨论、与公司高管的会晤、提供证券分析的软件和出版物(大众营销出版物除外)。第二,不在安全港范围内的产品或服务包括计算机硬件、电话线、外围设备;工资、租金、旅行、娱乐和餐饮;用于会计、记录保存、客户报告或其他管理功能的软件;以及营销研讨会和其他营销费用。第三,如果产品或服务在安全港内外都有使用,证券交易委员会认为投资顾问应根据其使用情况合理分配产品或服务的成本,并保留与分配有关的适当账簿和记录,以便能够表现出所要求的诚信。See Commission Guidance Regarding Client Commission Practices Under Section 28(e) of the Securities Exchange Act of 1934, Exchange Act Release No. 34-54165 (July 18, 2006).

〔2〕"经纪"服务通常包括与实现证券交易和附带功能相关的活动。根据美国证券交易委员会的说法,经纪业务始于订单被传送给经纪交易商,止于资金或证券被交付到客户账户。See Commission Guidance Regarding Client Commission Practices Under Section 28(e) of the Securities Exchange Act of 1934, Exchange Act Release No. 34-54165 (July 18, 2006).

〔3〕该条款的安全港可用于解释获取代理交易佣金和某些无风险的自营交易相关的研究。See Commission Guidance on the Scope of Section 28(e) of the Exchange Act, Exchange Act Release No. 45194 (Dec. 27, 2001).

〔4〕See SEC v. Capital Gains Research Bureau, Inc., 375 U.S. 180 (1963).

资顾问与客户可以框定投资顾问的监督频率(如同意按季或按月度实施监督,并基于市场事件在期间内酌情实施监督),但条件是要有充分和公平的披露与知情同意。监督的频率以及与商定频率有关的任何其他重要事实,如在发生与客户投资组合有关的市场事件时是否也会进行临时监督,是一个与投资顾问关系有关的重大事实,投资顾问必须充分和公平地披露这一事实,并按照其信义义务的要求获得知情同意。与之相对的,如果没有关于投资顾问监督义务的明确协议,当投资顾问与客户之间属于有限期限的关系时,如提供一次性付费的一次性财务规划时,投资顾问不太可能有责任进行监督。换言之,在没有任何商定的限制或扩大的情况下,监督义务的范围将依据商定的顾问安排的期限与性质来确定。[1] 一般来说,投资顾问的监督职责延伸到他向客户提供的所有个性化建议,如在持续的关系中评估客户的账户或项目类型(如包管账户)是否依然符合客户的最佳利益。[2] 针对基金投资顾问业务中的全程监督问题,中国证监会机构部《关于做好公开募集证券投资基金投资顾问业务试点工作的通知》第 18 条规定,试点机构应当履行持续注意义务,跟踪基金投资组合策略的执行情况,定期评估基金投资组合策略与客户风险承受能力的匹配程度,监测基金投资组合策略的风险收益特征与投资目标的相符程度,及时处理发现的问题。

---

〔1〕“如果投资顾问已经同意提供持续管理服务,其信义义务的范围要求对客户账户进行持续不断的管理,而不论是否有任何交易发生。投资顾问义务的这一特点,即使在非全权管理账户的情况下,也与管理非全权管理账户、不要求监控义务的证券经纪的责任形成鲜明对比。”See Arthur B. Laby, *Fiduciary Obligations of Broker-Dealers and Investment Advisers*, 55 Villanova Law Review 701, 728 (2010).

〔2〕See SEC, *Commission Interpretation Regarding Standard of Conduct for Investment Advisers*, 84 Federal Register 33669, 33675 (2019).

第五节 投资顾问的忠实义务

忠实义务要求投资顾问不得让客户利益服从于自己的利益。[1] 换言之，投资顾问不得将自己的利益凌驾于客户的利益之上，不能偏袒自己的账户，[2]也不能偏袒某些比其他客户支付更高费率的客户账户。实践中，客户利益优先是投资顾问常用的一种通俗易懂的表达方式，用来解释自己的忠实义务，这种解释方式可能更容易被散户客户理解。[3] 我国的一些规范性文件、业务规则等采用的即为此种表达方式，如中国证监会机构部《关于做好公开募集证券投资基金投资顾问业务试点工作的通知》第4条规定："试点机构从事基金投资顾问业务，应当遵守法律、行政法规和本通知要求，遵循客户利益优先原则，诚实守信、谨慎勤勉为客户提供服务，建立健全内部控制制度，加强合规管理和风险控制，有效识别、评估和处理利益冲突，强化从业人员行为管控，切实维护客户合法权益。"中国证券业协会《账户管理业务规则（征求意见稿）》第3条规定："持牌机构及其人员应当遵循诚实信用原则，勤勉、尽责、审慎地为客户提供账户管理服务，保证客户利益优先，保障客户账户安全，实现客户利益最大化。"为履行忠实义务，投资顾问必须全面、公正地向客户披露与顾问关系有关的所有重大

---

〔1〕 See Amendments to Form ADV, Investment Advisers Act Release No. 3060 (July 28, 2010).

〔2〕 例如，在 SEC v. Strategic Capital Management, LLC and Michael J. Breton 案中，投资顾问通过主经纪账户进行交易，然后将盈利的交易分配给自己的账户，将不盈利的交易放入客户账户，且未进行披露。See SEC v. Strategic Capital Management, LLC and Michael J. Breton, Litigation Release No. 23867 (June 23, 2017).

〔3〕 See SEC, *Commission Interpretation Regarding Standard of Conduct for Investment Advisers*, 84 Federal Register 33669, 33675 (2019).

事实。[1]

一、重要事实披露

投资顾问负有以最大诚信充分、公平地披露所有重要事实的积极义务,以及以合理的注意避免误导他们的客户或潜在客户的积极义务,如不披露将会构成欺诈行为。[2] 与投资顾问关系有关的重大事实,包括顾问机构就所提供的建议付诸实施的行事方式。例如,如果顾问机构同时也是持牌经纪商,且以投资顾问与经纪商的身份为同一客户服务,就应全面公正地披露其打算以投资顾问身份行事的情况与打算以经纪商身份行事的情况。这种披露可以通过多种手段实现,包括但不限于在关系开始时进行书面披露。[3]

针对一般性的信息披露问题,我国《证券投资顾问业务暂行规定》第13条规定,证券公司、证券投资咨询机构应当向客户提供风险揭示书,并由客户签收确认。风险揭示书内容与格式要求由中国证券业协会制定。第24条规定,证券公司、证券投资咨询机构应当规范证券投资顾问业务推广和客户招揽行为,禁止对服务能力和过往业绩进行虚假、不实、误导性的营销宣传,禁止以任何方式承诺或者保证投资收益。

中国证监会机构部《关于做好公开募集证券投资基金投资顾问业务试点工作的通知》第6条规定,试点机构进行业务宣传推介应当客观、准确、完整,不得提供虚假、不实、误导性信息,不得承诺收益或作出保本承诺,不得直接或者间接提及模拟业绩、为个别客户创造的收益,不得预测未来业绩。提及过往业绩的,应当为1年以上的特定基金投资组合策略整体业

---

〔1〕 See Amendments to Form ADV, Investment Advisers Act Release No. 3060 (July 28, 2010).

〔2〕 See SEC v. Capital Gains Research Bureau, Inc., 375 U.S. 180 (1963).

〔3〕 See SEC, *Commission Interpretation Regarding Standard of Conduct for Investment Advisers*, 84 Federal Register 33669, 33675 – 33676 (2019).

绩,并向客户特别提示过往业绩并不预示其未来表现,为其他客户创造的收益并不构成业绩表现的保证。试点机构应当加强投资者教育,通过风险揭示书等向客户充分揭示市场风险、信用风险、流动性风险、法律风险以及其他投资风险,并以显著方式提示基金投资组合策略的风险特征与单只基金产品的风险特征存在差异,切实保护客户合法权益。试点机构应当向客户充分说明基金投资顾问业务尚处于试点阶段,存在因试点资格被取消不能继续提供服务的风险。风险揭示书应当由客户签字确认,通过互联网在线方式提供服务的,在客户签订风险揭示书前还应当提供充足的阅读时间。风险揭示书内容与格式要求由行业自律组织制定。第 11 条规定,试点机构应当制定统一的基金投资组合策略说明书,对每一个基金投资组合策略的结构、备选基金产品评估情况、风险特征、适合投资者范围进行说明,在推介、建议时使用。基金投资组合策略审议通过后,试点机构应当对业务推广、客户招揽、了解客户等业务环节向客户提供服务的人员进行培训,确保相关人员能够全面、准确理解基金投资组合策略的结构及风险特征,准确判断适合的投资者范围。第 13 条规定,开展管理型基金投资顾问服务的,应当按照与客户约定的频率、方式和范围,披露账户收益、持仓、交易记录等信息,每日向客户披露前一日的账户资产净值情况,以不低于每季的频率向客户发送账户持仓、交易记录等信息。试点机构应当保证客户能够按照法规规定及投资顾问协议约定的时间和方式查询账户信息。发生可能影响客户权益的重大事项时,应当自重大事项发生之日起 2 日内,按照服务协议约定的方式,向客户进行披露。

中国证券业协会《账户管理业务规则(征求意见稿)》第 10 条规定,持牌机构应当规范账户管理业务推广和客户招揽行为,禁止对服务能力和过往业绩进行虚假、不实、误导性的营销宣传。持牌机构应当按照规定和协议的约定,向客户充分披露与客户权利和义务有关的信息,不得欺诈客户。第 11 条规定,持牌机构提供账户管理服务,应当向客户全面揭示账户管理业务风险,与客户签署《账户管理服务协议》和《风险揭示书》。《账户管理服务协议》应当就服务内容、方式、期限、当事人的权利义务、代理权限、收费标准、支付方式、争议或纠纷解决方式、终止或解除协议的条件或方式等方面进行约定。《风险揭示书》应当向客户充分解释账户服务的委托性质可能带来的市场风险、操作风险、账户因锁定期带来的流动性风险、持牌机构及投资顾问的投资判断风险等。第16条规定，持牌机构应当按协议约定，定期向客户发送账户信息，包括配置状况、净值变动、交易记录等情况。

利益冲突可能会使投资顾问自觉或不自觉地提出一些并非无私的建议。[1] 每当投资顾问面临利益冲突或与客户的潜在利益冲突时，这种对重要事实的披露就显得尤为重要，因为法律上对投资顾问的利益冲突问题是通过"基于披露"的制度而不是"基于业绩"的制度来管理的。[2] 投资顾问可以拥有与其客户利益不一致的利益（如以奖金、佣金或私人关系的形式），但如果存在重大冲突，他们必须全面准确地披露。这样要求的理由是，客户可以为了自己的利益而利用投资顾问的利益冲突交易，如投资顾问获得的外部承诺可以降低客户的费用。但是为了能让客户做出明智决定，其必须能够获得有关利益冲突的全面信息。[3] 例如，中国证券业协会《账户管理业务规则（征求意见稿）》第26条针对关联交易问题也是采用了此种规范方式，规定持牌机构开展账户管理业务投资于本公司以及有关联关系的公司发行的证券、基金、期货产品，应当事先将相关信息以适当形式通知客户，并要求客户按照协议约定在指定期限内答复。客户未同意的，持牌机构不得进行此项投资。客户同意的，持牌机构应当及时将交易结果告知客户。服务协议应当对前款所述投资的通知和答复程序作出明确约定。第8条则要求，参与账户管理业务的客户如果是持牌机构的股东、高管、员工或其他关联人，应当按照公平对待客户的原则，防范利益冲

---

〔1〕 See SEC v. Capital Gains Research Bureau, Inc., 375 U.S. 180 (1963).

〔2〕 See Arthur B. Laby, *Models of Securities Regulation in the United States*, 23 Fordham International Law Journal S20, S21 (2000).

〔3〕 See SEC v. Capital Gains Research Bureau, Inc., 375 U.S. 180 (1963).

突和做好信息披露工作。

一般来说,投资顾问必须披露所有与利益冲突有关的重要事实,消除或暴露所有可能在投资顾问和客户之间产生利益冲突的情形,以便客户能够在知情的情况下做出明智的决定,是否与顾问建立或继续维持顾问关系,或者采取一些措施保护自己免受利益冲突的影响。[1] 虽然充分、公平地披露与顾问关系或利益冲突有关的所有重要事实以及客户的知情同意,可以防止这些重要事实的存在或者冲突本身违反投资顾问的信义义务,但这种披露与同意本身并不能满足投资顾问为客户最佳利益行事的义务。因为投资顾问有义务为其客户最佳利益行事,这是一项总括性原则,既包括注意义务,也包括忠实义务。为了使披露充分和公平,它应足够具体,使客户能够了解重大事实或利益冲突并在知情的基础上决定是否同意。具体而言,其一,仅披露投资顾问有"其他客户"而不说明投资顾问如何管理客户之间的冲突,或者仅披露顾问有"冲突"而不作进一步说明,都是不够的。其二,在冲突实际存在的情况下,披露投资顾问"可能"发生某一特定冲突而没有提供更多的信息也是不够的。其三,当利益冲突存在于某些(并非所有)类型或者层级的客户、建议或者交易时,不进一步披露涉及利益冲突的具体类型或者层级,而使用"可能"是不适当的。其四,在列出所有可能或潜在利益冲突清单之前,不顾其可能性,简单地使用"可能"并将实际利益冲突混淆到客户无法进行知情同意的程度,也是不适当的。其五,"可能"一词可适当地用于向客户披露目前不存在但今后可能合理出现的潜在利益冲突。[2]

披露重要事实的义务适用于投资顾问与客户之间发生的利益冲突或

---

〔1〕 See SEC, *Regulation of Investment Advisers of the U. S. Securities and Exchange Commission* 24 (2013), https://www.sec.gov/about/offices/oia/oia_investman/rplaze-042012.pdf.

〔2〕 See SEC, *Commission Interpretation Regarding Standard of Conduct for Investment Advisers*, 84 Federal Register 33669, 33676 (2019).

潜在的利益冲突。因此,要求披露的类型将取决于具体事实和情况。[1] 披露是否充分、公平,取决因素包括但不限于客户的性质、服务的范围,以及重大的事实或冲突。对机构客户的全面公平披露在某些情况下可能与对散户客户的全面公平披露存在显著差异,因为机构客户通常比散户客户有更大的能力和更多的资源去分析理解复杂的利益冲突及其后果。而一个不成熟的客户可能需要比知情投资者获得更广泛的解释。如果投资顾问知道或理应意识到客户不了解利益冲突的性质和重要性,推断或者接受客户同意是不符合投资顾问的信义义务的。[2] 此外,在符合条件的客户之间分配投资机会时,投资顾问可能面临其自身利益与客户利益之间或不同客户之间利益的冲突。如果是这样,投资顾问必须消除或至少通过充分公平的披露揭示与其分配政策有关的冲突,包括投资顾问将如何分配投资机会,以便客户能够进行知情同意。在分配投资机会时,允许投资顾问考虑客户的性质、目标以及关系的范围。投资顾问与客户甚至可以达成合意,不会为客户分配或提供某些投资机会或投资机会类别。投资顾问不一定要有按比例分配的政策,或任何特定的分配方法,但与其他利益冲突和重要事实一样,投资顾问的分配操作不应妨碍它提供符合客户最佳利益的建议。[3]

在某些情况下,鉴于利益冲突的性质和程度,可能难以向客户提供充分传达重大事实或者利益冲突的性质、规模与潜在影响,足以使客户同意或者拒绝的信息。而在其他情况下,披露可能不够具体,使客户无法了解冲突是否以及如何影响其收到的建议。特别是对于散户客户,可能很难提供关于复杂或广泛冲突的足够具体但又能够理解的信息。在所有这些情

---

〔1〕 See SEC, *Study on Investment Advisers and Broker-Dealers* 23 (2011), https://www.sec.gov/files/913studyfinal.pdf.

〔2〕 See In the Matter of Arleen W. Hughes, Exchange Act Release No. 4048 (Feb. 18, 1948).

〔3〕 See SEC, *Commission Interpretation Regarding Standard of Conduct for Investment Advisers*, 84 Federal Register 33669, 33677 (2019).

况下,如果投资顾问不能充分公平地向客户披露利益冲突,使客户能够进行知情同意,投资顾问就应当要么"消除"冲突,要么充分"缓解"(修改操作以减少)冲突,使充分公平的披露和知情同意成为可能。充分公平披露与投资顾问关系相关的重大事实,以及可能导致投资顾问有意无意提供不公正建议的利益冲突,也有助于帮助客户或者潜在客户评估与选择投资顾问。[1] 中国证监会机构部《关于做好公开募集证券投资基金投资顾问业务试点工作的通知》第10条对基金投资顾问的利益冲突管理机制作出了规定:"试点机构应当遵循客户利益优先原则,建立健全利益冲突管理机制,确保基金投资顾问业务与其他存在利益冲突的业务有效隔离,控制敏感信息的不当流动和使用,有效防范利益冲突,不得为自己、关联方、特定客户及特定产品发行人的利益损害投资建议的客观性。建议客户投资于本机构或者关联方管理的产品的,应当事先告知客户,并向客户充分披露潜在的利益冲突。"第12条第2款进一步规定:"试点机构应当建立健全交易管理制度,明确操作流程、分工和权限,执行投资指令的人员应当与对基金投资组合策略的具体产品品种、数量进行管理的人员进行有效隔离。试点机构应当建立交易监测和记录制度。"中国证券业协会《账户管理业务规则(征求意见稿)》第23条对业务隔离作出了规定:"持牌机构应当建立账户管理业务与公司自营业务、资产管理业务、承销业务以及其他存在利益冲突的业务之间有效信息隔离墙制度,防范内幕交易和利益冲突。"第24条则要求公平对待账户管理客户:"持牌机构提供账户管理业务,应当公平对待账户管理业务客户,以及其他业务客户,有效防范和管理利益冲突,禁止进行利益输送。"第30条进一步规定:"开展账户管理业务的持牌机构或其从业人员,不得有以下行为:(一)挪用客户账户资产;(二)以获取佣金或其他利益为目的,用客户账户进行不必要的证券交易;(三)将账户管理

---

[1] See SEC, *Commission Interpretation Regarding Standard of Conduct for Investment Advisers*, 84 Federal Register 33669, 33677 - 33678 (2019).

业务与其他可能产生利益冲突的业务混合操作;(四)以转移客户账户收益或亏损为目的,在客户账户与自营账户、资产管理账户之间,或者不同的客户账户之间进行买卖;(五)违规承诺或保证资产本金不受损失或者取得投资收益;(六)法律、法规、中国证监会和协会等规定的其他行为。"

投资顾问不能通过简单地获得客户对所有利益冲突的同意而绕过信义义务。相反,投资顾问必须消除或减轻其无法充分披露的利益冲突,此即所谓的"披露或消除"利益冲突原则。需要充分披露的利益冲突行为可能包括:向客户收取经纪人研究费用,然后投资顾问将其用于其他客户;推荐投资于顾问管理的基金,这将导致投资顾问从客户那里收取两笔费用,即投资顾问费和基金管理费;投资于客户所投资相同的证券。[1] 利益冲突披露规则应当受到严格执行,没有任何可以豁免的情形。例如,以下情形均不能构成对利益冲突披露规则的豁免:投资顾问真诚认为,尽管存在利益冲突,他们仍然会将他们客户的利益放在首位;[2] 投资顾问设置了充足的内部防范措施来处理利益冲突;[3] 投资顾问在历史上从来没有出现过利益冲突的情况。[4]

作为比较法上的经验,美国《投资顾问法》要求注册投资顾问提交的ADV表格是其投资顾问信息披露的主要形式,其中列出了证券交易委员会要求投资顾问在注册申请中提供的信息。一旦注册,投资顾问必须至少每年,或如果表格说明要求,以更高频率更新一次表格。ADV表格由两部分组成。第1部分主要供证券交易委员会使用,它要求填写关于投资顾问的业务、所有权、客户、员工、商业惯例(尤其是涉及与客户潜在冲突的业

---

〔1〕 See Sophia Duffy & Steve Parrish, *You Say Fiduciary, I Say Binary: A Review and Recommendation of Robo-Advisors and the Fiduciary and Best Interest Standards*, 17 Hastings Business Law Journal 3, 12－13 (2021).

〔2〕 See SEC v. Capital Gains Research Bureau, Inc., 375 U.S. 180 (1963).

〔3〕 See Feeley & Willcox Asset Management Corp., Securities Act Release No. 8249, Exchange Act Release No. 48162, Advisers Act Release No. 2143, 80 SEC Docket 1730, 1739 (July 10, 2003).

〔4〕 See Steadman v. SEC, 603 F.2d 1126 (5th Cir. 1979).

务)以及投资顾问或其员工的任何纪律处分事件的信息。证券交易委员会利用这一部分信息作出注册决定,并管理其监管和审查程序。第1A部分要求投资顾问提供关于其3个业务领域的补充信息:(1)关于他们提供投资建议的私募基金的补充资料;(2)投资顾问提供的关于其咨询业务(包括他们拥有的客户类型、雇员和咨询活动)的更多数据,以及关于他们可能会产生重大利益冲突的业务做法的更多数据;(3)关于投资顾问非咨询活动及其金融行业附属机构的补充信息。第2部分分为2A和2B两部分,规定了客户宣传册和宣传册附录中所需的信息。宣传册第2A部分要求投资顾问准备一份叙述性的"宣传册",其中包括对投资顾问的商业行为、投资策略、费用、利益冲突和纪律处分信息的简明英语披露。第2B部分要求投资顾问准备一份"宣传册补充",其中包含向客户提供投资建议的每位投资顾问员工的信息,包括他的教育背景、商业经验、其他商业活动和受处分记录。为了满足宣传册规则,投资顾问必须每年向客户提供宣传册(以及宣传册的更新),并在员工开始向客户提供咨询服务时向客户提供关于监督员工的宣传册补充。此外,投资顾问必须向证券交易委员会提交其宣传册(非宣传册补充),以满足其注册要求。[1] 在ADV表格中,美国证券交易委员会还要求注册投资顾问向客户和潜在客户披露有关其纪律处分事件和不稳定的财务状况的重要事实:(1)可能影响投资顾问履行对客户的合同承诺能力的顾问财务状况;(2)投资顾问(及其某些高级职员)在过去10年内发生的、可能具有重要影响的某些违纪事件。如果投资顾问为客户选择或推荐其他投资顾问,它必须披露投资顾问公司之间的任何薪酬安排或其他业务关系,以及由此产生的冲突,并解释它如何解决这些冲突。[2] 此外,投资顾问还必须披露他们在与客户证券交易有关的研究收入和其他

---

〔1〕 See SEC, *Regulation of Investment Advisers of the U. S. Securities and Exchange Commission* 20–21 (2013), https://www.sec.gov/about/offices/oia/oia_investman/rplaze-042012.pdf.

〔2〕 See SEC, *Study on Investment Advisers and Broker-Dealers* 23 (2011), https://www.sec.gov/files/913studyfinal.pdf.

“软美元”(soft dollar)[1]收益方面的政策和做法。

二、自营交易规则

自营交易(principal trading),是指投资顾问代理客户账户与自有账户之间进行的交易。域外典型立法,如美国《投资顾问法》第206条(3)规定,任何投资顾问不得直接或间接地借助邮件或任何州际商业手段或工具“充当其自有账户的委托人,故意向客户售出证券或从客户买入证券,或担任前述客户以外的他人的经纪人,故意为前述客户的账户实施证券买卖,而不在完成此项交易前向前述客户书面披露其身份,并取得前述客户对该项交易的认可”。该规则适用于任何顾问参与或实施的自营交易,而且适用于投资顾问促使客户达成由控制顾问、由顾问控制或与顾问受共同控制的经纪交易商实施的自营交易的情况。[2] 因此,该规则实际上是禁止投资顾问作为自己的委托人,在未以书面形式向客户披露其或关联方的身份以及未在交易完成前获得客户同意的情况下,故意向客户出售任何证券或从客户处购买任何证券,[3]旨在解决投资顾问在与客户进行交易时可能出现的自我交易,如利用此种交易操纵价格或向客户账户倾销不需要的证券。[4] 投资顾问不仅必须披露其在交易中的角色,而且必须披露其在此类

---

〔1〕 投资顾问经常从外部渠道,特别是从经纪交易商那里寻求研究或其他服务。尽管投资顾问可以使用自己的资金(如咨询费收入)来购买此类研究和服务,但他们通常会用客户支付的经纪佣金的一部分来支付研究和其他服务费用,这种做法被称为“软美元”。“软美元”的使用给投资顾问造成了利益冲突,因为投资顾问是通过客户佣金获得经纪和研究服务,而不是用自己的资金购买这些服务。See Commission Guidance Regarding Client Commission Practices Under Section 28(e) of the Securities Exchange Act of 1934, Exchange Act Release No. 54165 (July 18, 2006).

〔2〕 See Interpretation of Section 206(3) of the Investment Advisers Act of 1940, Investment Advisers Act Release No. 1732 (July 17, 1998).

〔3〕 See SEC, *Regulation of Investment Advisers of the U. S. Securities and Exchange Commission* 59 (2013), https://www.sec.gov/about/offices/oia/oia_investman/rplaze-042012.pdf.

〔4〕 See Investment Trusts and Investment Companies: Hearings on S. 3580 Before the Subcomm. of the Comm. on Banking and Currency, 76th Cong., 3d Sess. 320-322 (1940).

交易中所扮演角色所获得的任何报酬。[1] 但是,对自营交易的限制不适用于客户交易中投资顾问或关联方身兼经纪交易商但未在该交易中担任投资顾问的交易,例如,该投资顾问在交易中没有给出买卖证券的建议。[2]

三、交叉交易规则

交叉交易(cross trading),是指投资顾问同时也是经纪商或有关联经纪商的情况下,通过与非顾问客户订单交叉的方式来执行顾问客户订单。例如,美国《投资顾问法》第206条(3)除前述自营交易外,还禁止投资顾问在每次交易前在未征得客户同意的情况下,有意为其顾问客户和交易另一方充当经纪商。该规则中涉及的交叉交易,是指投资顾问若同时还控制了一家经纪交易商,或被一家经纪交易商控制,则可能存在的将顾问客户账户与其他客户账户的交易指令进行交叉执行的情形。例如,当投资顾问同时也是经纪商的情况下,其可能通过与非顾问客户订单交叉的方式来执行顾问客户订单。在某些情况下,这种交叉交易确实可以节省投资者的经纪佣金和其他交易成本,因而可能对客户是有利的。[3] 但是,交叉交易中包含潜在的利益冲突,因为投资顾问可能会偏袒某个客户,而投资顾问的忠实义务要求其以每一个客户的最佳利益行事。[4]

而根据206(3)—2规则,若投资顾问向客户披露了该类交易中存在的

---

〔1〕 See Applicability of the Investment Advisers Act to Financial Planners, Pension Consultants, and Other Persons Who Provide Investment Advisory Services as a Component of Other Financial Services, Investment Advisers Act Release No. 1092 (Oct. 8, 1987); Opinion of Director of Trading and Exchange Division, Investment Advisers Act Release No. 40 (Feb. 5, 1945).

〔2〕 See SEC, *Regulation of Investment Advisers of the U. S. Securities and Exchange Commission* 29 (2013), https://www. sec. gov/about/offices/oia/oia_investman/rplaze – 042012. pdf.

〔3〕 See SEC, *Study on Investment Advisers and Broker-Dealers* 26 (2011), https://www. sec. gov/files/913studyfinal. pdf.

〔4〕 See SEC, *Study on Investment Advisers and Broker-Dealers* 27 (2011), https://www. sec. gov/files/913studyfinal. pdf.

所有利益冲突事实、总体经纪费用并取得投资者书面许可,则这种交易是被允许的,而不要求投资顾问向客户提供每笔交易的信息。具体而言,需要满足以下条件:(1)该顾问客户已事先签署了书面同意函,授权该投资顾问或任何其他援引该规则的人,为其执行代理机构交叉交易;但在取得前述书面同意函之前,该投资顾问必须已经以书面形式充分披露就代理机构交叉交易,该投资顾问或前述其他人将同时充当交易双方的经纪人,向交易双方收取佣金,并对交易双方分别具有可能相互冲突的忠实义务及其他责任。(2)该投资顾问或任何其他援引该规则的人,在前述交易完成之时或之前,向每一上述客户发送一份书面确认书以说明下列事项:①该交易的性质;②该交易发生的日期;③同意应相关请求提供该交易发生的时间;④该投资顾问或任何其他援引该规则的人就该交易收取了或将要收取的任何其他报酬的数量和来源。当客户为买方时,该投资顾问或其他任何援引该规则的人并未参与分销的,或当客户为卖方时,投资顾问或其他任何援引该规则的人并未参与要约的,前述书面确认书可以说明将应前述客户请求提供有关是否收取了或将要收取任何其他报酬及其来源和数量的信息。(3)该投资顾问或任何其他援引该规则的人,每年应至少一次随同账户对账单或作为该对账单的一项内容,向上述客户发送一份书面披露性说明,显示前次此类说明以来发生的此类交易的总数,及投资顾问或任何其他援引该规则的人在该期间内就此类交易收取或将要收取的全部佣金或其他报酬的总数。(4)该规则所要求的每一书面披露性说明和确认应包括一项醒目的声明,说明该投资客户可在任何时间书面通知该证券顾问或任何其他援引该规则的人撤销书面同意函。(5)发生此类交易时,同一投资顾问,或投资顾问与其控制人,或受其控制或与其受同一控制的人并未向任何买卖双方推荐这一交易。

在执行证券买卖订单时,投资顾问可以代表其两个或以上客户汇总或组合这些订单,当投资顾问将交易汇总起来以获得执行成本的交易量折扣时,客户可以从中受益。[1] 只要是为了寻求交易的最佳执行,且没有客户会因此特别得利或不利时,投资顾问的这种做法就是允许的。[2] 但投资顾问需要披露是否以及在什么条件下汇总交易,如果投资顾问在有机会汇总交易时没有这样做,那么他必须对客户可能因此支付的更高经纪成本做出解释。在将证券订单分解到客户账户时,汇总证券订单的投资顾问会面临冲突,因为并非所有证券都是以相同的价格获得的。投资顾问应制订程序,确保交易的分配方式公平公正地对待所有客户。例如,投资顾问可以按比例、轮换或随机方式分配订单。[3]

---

〔1〕 See Amendments to Form ADV, Investment Advisers Act Release No. 3060 (July 28, 2010).

〔2〕 See SMC Capital, Inc., SEC Staff No-Action Letter (Sept. 5, 1995); Pretzel & Stouffer, SEC Staff No-Action Letter (Dec. 1, 1995).

〔3〕 See SEC, *Regulation of Investment Advisers of the U. S. Securities and Exchange Commission* 31 (2013), https://www.sec.gov/about/offices/oia/oia_investman/rplaze-042012.pdf.

第五章　智能投顾承担信义义务的特殊问题

第一节　智能投顾的适当性义务

一、对智能投顾适当性义务的理论探讨

要使智能投顾符合适当性义务的要求,那么就要首先了解智能投顾在履行适当性义务时可能存在的缺陷。为了给客户提供适当的建议,投资顾问必须首先进行客户画像。在这个过程中,传统的投资顾问有机会单独评估每个客户,并提出额外的问题,以澄清回答中的不一致之处,或更好地理解独特或不寻常的情况。尽管有这种灵活性,但金融机构仍存在风险,即没有提出足够或适当的问题来彻底了解投资者的情况。而与之相比,如果智能投顾的自动分析过程仅仅依赖于一组标准的问题,那么它可能无法解决那些矛盾的或不寻常的客户情况。此外,有些智能投顾使用的问卷非常简单,这造成了潜在的更大风险,即无法充分了解客户,从而无法给出适当的建议。[1] 认为智能投顾无法履行信义义务的观点,主要就集中于认为智能投顾不能提供个性化的投资建议。这种观点认为,智能投顾无法提供与

---

〔1〕 See IOSCO, *IOSCO Research Report on Financial Technologies* (*Fintech*) 32 (2017), http://www.iosco.org/library/pubdocs/pdf/IOSCOPD554.pdf.

理想人类投资顾问相同水平的个性化投资建议,因为智能投顾只拥有他们要求的和客户提供的信息。客户可能不会提供一些外部投资信息,而人类投资顾问可能会考虑进一步询问这些信息是否存在。当然,不是每个人类投资顾问都是理想的顾问,而不理想并不意味着投资顾问不能满足最低的受托人标准。此外,即使智能投顾可以自动重新调整投资组合,智能投顾也不会通过不断与客户接触来持续审查客户的财务状况。这使得智能投顾无法提供个性化的投资建议,因此智能投顾违反了为客户的最佳利益而采取行动的信义义务。由于"实践中智能投顾的数字化管理软件工具未能全方位考虑投资者的财务状况和目标",有人甚至认为智能投顾"实际上提供的是一种投资经纪服务,因为其无法满足更高的受托人标准"。[1]

在现实中,目前很多智能投顾公司在这方面确实做得有不足之处。例如,Wealthfront 的风险评估问卷只有大约 10 个选择题、填空题和勾选题,然后就会提供风险评估分析,并邀请用户作为客户注册。而 Betterment 在邀请客户注册之前提出的问题更少,且都是多项选择题。即使在这两个智能投顾巨头之间,他们提出的实际问题也有很大的不同。Wealthfront 拥有一份更长的注册前问卷,其试图通过询问潜在客户的收入、所居住的房产类型来衡量他可以投资多少钱。而 Betterment 会询问潜在客户的可投资资产是什么。Wealthfront 还试图通过展示市场低迷的情景,询问客户在保留或出售股票方面的反应,来获得对客户风险承受力的判断。然而,客户只能回应说,他将购买更多,保留全部,出售部分,或全部出售;没有中间选择,如卖出少于 1/3 或超过 70%。这些问题虽然很容易回答,但并没有给客户留下太多的空间来充实其风险承受能力的细微差别。[2]

但是,上述对智能投顾的批评似乎也有些绝对化,尤其是对智能投顾

---

〔1〕 参见[美]约翰·莱特伯恩:《算法与受托人:对人工智能理财规划师现有和拟议的监管方法》,李诗鸿译,缪因知校,载彭冰主编:《金融法苑》第 99 辑,中国金融出版社 2019 年版,第 253 页。

〔2〕 See Caelainn Carney, *Robo-Advisers and the Suitability Requirement: How They Fit in the Regulatory Framework*, 2018 Columbia Business Law Review 586, 600 – 601 (2018).

与人类投资顾问在履行适当性义务方面的区分过于绝对化。智能投顾需要基于从客户那里获得的信息进行操作,在这种情况下,智能投顾与传统投资顾问的区别非常小,因为两者都需要从客户那里收集信息,以便为个人投资者提供量身定制的投资建议。人类投资顾问通常通过问卷的方式获取信息来了解他们的客户,以提供适当的建议。而智能投顾在提供投资建议之前,也会通过问卷的形式从客户那里获取相同类别的信息。[1] 在这两种情况下,信息都来自客户,且人类投资顾问和智能投顾的客户都是由自己来提供初始信息。事实上,由于人类投资顾问和智能投顾的调查问卷都会因未能获取完整信息,无法向客户提供合适的建议,而受到类似的批评。[2]

事实上也可以反过来说,人类投资顾问在收集足够的客户信息方面也面临挑战,因为他们也需要通过问卷和访谈来获取这些信息。智能投顾和人类投资顾问一样依赖于客户提供的信息,只要智能投顾或人类投资顾问提出正确的问题(这可能只需要提出所有投资顾问通常会问的问题,并澄清相互矛盾的信息),智能投顾和人类投资顾问都可以满足这一受托要求。此外,在不断更新的客户财务状况方面,人类投资顾问面临与智能投顾相同的问题。客户与他们的人类投资顾问不会保持经常的联系,而使用被动投资策略的客户更不可能保持联系。更新客户偏好的程序,反而是为客户提供了以更便捷的方式进行更新的机会,并传递与其财务目标相关的任何变更。[3] 因此,虽然监管机构警告考虑使用智能投顾的投资者,他们可能

〔1〕 See SEC, *Investor Bulletin: Robo-Advisers* (2017), https://www.sec.gov/oiea/investor-alerts-bulletins/ib_robo-advisers.html.

〔2〕 See Nicole G. Iannarone, *Computer as Confidant Digital Investment Advice and the Fiduciary Standard*, 93 Chicago-Kent Law Review 141, 153 – 154 (2018).

〔3〕 参见[美]约翰·莱特伯恩:《算法与受托人:对人工智能理财规划师现有和拟议的监管方法》,李诗鸿译,缪因知校,载彭冰主编:《金融法苑》第 99 辑,中国金融出版社 2019 年版,第 255 页。

需要自己更新自己的资料和财务状况。[1] 然而,在人类投资顾问提供服务的情况下,很多时候也是需要客户主动告知投资顾问自己新近的变化,而且还没有这样方便。

因此,智能投顾与人类投资顾问一样,均需要通过前期的投资者适当性调查过程,对客户的财务状况和风险承受能力做出判断,不同的是智能投顾需要通过在系统中设置的调查问卷形式来完成。从中国的情况来看,据调查,国内大部分智能投顾都存在风险测评不充分的问题,具体体现在问卷统计口径不完备、持续性测评不到位、留痕处理要求不达标,以及对投资产品的风险警示和等级划分也存在欠缺。[2] 这些就是制定落实智能投顾适当性义务的规则时着重需要解决的问题,而且在确定相关规则的时候,也需要考虑智能投顾特殊的技术背景。此外,智能投顾也很难像人类投资顾问一样,将除客户财务状况和风险承受能力以外的其他因素等考虑进来。对于此类算法能力上的不足,智能投顾均应事先向客户告知。

二、对适当性义务的履行应达到个性化标准

如前所述,我国"资管意见"规定了一个相对较低的金融机构适当性义务标准,其目的在于风险控制和实现"卖者尽责、买者自负"。在此种适当性规则之下,只要金融机构向投资者销售的是与其风险识别能力和风险承担能力相适应的资产管理产品,就满足了适当性义务的要求。但是,作为投资顾问的智能投顾的适当性义务标准更高。智能投顾向客户提供适当与合理建议的标准,是必须满足客户的个性化需求。

在投资顾问与投资者之间的信义关系界定上,个性化要素(personal basis)非常重要。所谓个性化要素,是指投资顾问应在与投资者不断接触

---

〔1〕 See SEC, *Investor Bulletin*: *Robo-Advisers* (2017), https://www.sec.gov/oiea/investor-alerts-bulletins/ib_robo-advisers.html.

〔2〕 参见郭雳:《智能投顾开展的制度去障与法律助推》,载《政法论坛》2019 年第 4 期;郭雳、赵继尧:《智能投顾发展的法律挑战及其应对》,载《证券市场导报》2018 年第 6 期。

的基础上,结合其专业信息为投资者提供量身定制的投资方案。美国法上通过劳氏诉证券交易委员会案(Lowe v. SEC)[1]确立了以个性化关系界定投资顾问的规则。在该案中,劳氏公司是一家经营投资通信订阅业务的公司,其出版的《劳氏投资和金融通信》是一个主打证券市场和黄金市场行情分析的评论刊物,并且会对特定的股票提出具体投资建议。美国证券交易委员会指控该公司发布的投资通信属于向订阅者提供投资建议业务,应当注册为投资顾问。但在美国最高法院的上诉判决意见中,法院认为劳氏公司发布的投资通信读物不会在其与投资者之间建立个性化的信义关系,因此其不属于投资顾问。[2] 在智能投顾的语境下,当自动化工具输出的内容超出了一般投资相关信息的范畴,而变成了针对特定客户的建议时,就需要适用投资顾问的相关规则。因此,如何划分一般信息与特定建议的界限,并告知客户以避免其误解,对保护投资者利益有重要的意义。尽管确定自动化工具的输出内容何时跨越了建议门槛可能涉及对一系列复杂的事实和情况的分析,但金融机构应清楚了解并评估向客户提供这些工具或产品是否构成建议。[3]

就此问题,欧洲监管机构联合委员会指出,客户从自动化投资顾问工具所获得的服务内容是否构成“建议”(advice),是一个非常重要的问题。这不仅与服务提供者是否将其服务定义为“建议”相关,而且同样重要的是,要考虑该工具所提供的信息的性质和语境,以及客户是否能够合理地将其输出的信息视为建议。由自动化工具生成并输出的任何信息,如果根据该工具的具体特征和其他相关标准,能够被客户合理地理解为金融建

〔1〕 Lowe v. SEC, 472 U. S. 181 (1985).

〔2〕 对该案及后续理论发展的介绍和评述,可参见彭冰:《从 Lowe 案看美国对投资顾问的界定》,载徐明等主编:《证券法苑》第 1 卷,法律出版社 2009 年版,第 311 页以下。

〔3〕 See IOSCO, *Update to the Report on the IOSCO Automated Advice Tools Survey: Final Report* 19 – 20 (2016), http://www.iosco.org/library/pubdocs/pdf/IOSCOPD552.pdf.

议,那么就应当被认为属于“建议”。[1] 自动化工具所提供建议的特殊程度取决于其收集的信息。例如,一些风险分析工具(risk-profiling-tools)通过收集信息来对客户进行分类,如根据风险分析和投资范围进行分类。在这些情况下,所提供的建议可能与属于同一类别投资者(具有类似风险水平和投资范围)的所有其他客户相同。此外,自动化工具所提供建议的特殊程度还取决于该工具所考虑的产品或服务的范围:如果算法在提供最终建议时只考虑有限范围的产品或服务,那么工具输出的建议将是有限的。[2]

与之类似,澳大利亚证券与投资委员会指出,如果只是向客户提供事实信息(factual information),就不需要持有澳大利亚金融服务(Australian Financial Services,AFS)牌照或作为金融服务持牌人的授权代表从事业务活动。所谓事实信息,是指客观上可证实的,其真实性和准确性无法被合理质疑的信息。高质量的事实信息对于希望能够更好地理解金融产品或策略的客户而言通常也是有用的。[3] 但如果从事的是提供金融产品建议的商业活动,即澳大利亚公司法中的金融服务,除非满足豁免情形,否则必须持有金融服务牌照或作为金融服务持牌人的授权代表。如果某项信息交流是一个建议或意见陈述,或者是任何其中之一的报告,也就是说其意图影响或可以合理地被认为是意图影响客户就特定金融产品或金融产品类别做出交易决定(或引起客户对任何其中之一的兴趣),那么它就构成金融产品建议。在澳大利亚公司法中,所有金融产品咨询都属于“个性化建

---

〔1〕 例如,该自动化工具直接为客户所使用,不需要或只需要非常有限的人工介入;且其中的算法系统是通过利用客户提供的个人信息来生成建议。

〔2〕 See ESAs, *Joint Committee Discussion Paper on Automation in Financial Advice* 13 (2015), http://www.eba.europa.eu/documents/10180/1299866/JC + 2015 + 080 + Discussion + Paper + on + automation + in + financial + advice.pdf.

〔3〕 See ASIC, *Regulatory Guide* 255: *Providing Digital Financial Product Advice to Retail Clients* 8 – 9 (2016), http://download.asic.gov.au/media/3994496/rg255 – published – 30 – august – 2016.pdf.

议”(personal advice)或“一般建议”(general advice)。所谓个性化建议,是指满足以下条件的被提供或指定(包括电子方式)给某人的金融产品:提供的人已考虑到了客户的一个或多个目标、财务状况和需求;或一个理性的人会认为提供咨询的人已经考虑了这些事项中的一个或多个。而除此之外其他的金融产品都是一般建议。[1]

据此,如果客户通过智能投顾的在线问卷输入其特定的情况信息,包括风险偏好、投资目标、与其生活和近况有关的事实情况(如纳税情况、婚姻关系状态、事业和退休计划、已有的其他投资和资产状况、财务来源与开销、短期和长期的家庭计划等)。然后,该智能投顾使用这些信息自动生成与一个或多个金融工具相关的推荐交易,且该建议是适合该客户的,或者是基于客户的情况而提出的,那么该建议就能够满足个性化要求。[2] 因此,智能投顾在履行其适当性义务时,应当保证问卷的清晰度,使其能够通过问卷获得足够多的信息,并采取措施来处理客户回答中的不一致情况,且投资策略的改变以客户为导向。[3] 在这一过程中,确保客户画像的个性化和有效性非常关键。有效的客户画像需要智能投顾能够准确识别客户画像所必需的关键信息要素;评估客户的风险承受能力和风险承受意愿;处理客户画像问卷中矛盾或不一致的回答;评估投资(与储蓄或偿债相比)是否适合客户;定期联系客户,以确定他们的资料是否发生了变化;为客户画像工具建立适当的治理和监督机制;询问客户需求,以确保数字化建议

---

〔1〕 See ASIC, *Regulatory Guide* 255: *Providing Digital Financial Product Advice to Retail Clients* 9 – 10 (2016), http://download. asic. gov. au/media/3994496/rg255 – published – 30 – august – 2016. pdf.

〔2〕 See ESAs, *Joint Committee Discussion Paper on Automation in Financial Advice* 14 (2015), http://www. eba. europa. eu/documents/10180/1299866/JC + 2015 + 080 + Discussion + Paper + on + automation + in + financial + advice. pdf.

〔3〕 See SEC, *Guidance Update*: *Robo-Advisers* 6 – 7 (2017), https://www. sec. gov/files/2017 – 03/im-guidance – 2017 – 02. pdf.

的适当性。[1] 此外,智能投顾还应确保其给出的投资组合建议与客户的投资者画像相匹配。当智能投顾公司所提供的服务很好地满足了适当合理建议与个性化要求时,才能说其对适当性义务的履行达到了应有的标准。

三、落实智能投顾适当性义务的经验

针对智能投顾的适当性义务规则,在不同国家和地区存在以下可供参考的经验。

(一)美国

智能投顾会使用客户提供的信息来创建推荐的模拟投资组合。因此,智能投顾的建议受限于它所要求的和从客户那里获得的信息,通常是通过在线问卷的方式。但是,在美国的金融市场实践中,一些智能投顾可能只获取和考虑了关于客户的有限信息。此外,与传统的投资顾问一样,在许多情况下,更新这些信息的重担将落在客户身上。[2] 而投资顾问履行适当性义务,需要使其提供的投资策略建议适合客户的基本情况和要求。其中,有效地建立和使用客户的投资者画像,是满足适当性要求的前提与核心。具体而言,可以考虑以下方面。

1. 满足适当性要求的两个方面

投资顾问的信义义务包括为客户的最大利益行事和只提供适当的投资建议的义务。[3] 美国证券交易委员会提出,为履行这些义务,投资顾问必须根据客户的财务状况和投资目标做出合理的决策,使所提供的投资建

---

〔1〕 See FINRA, *Report on Digital Investment Advice* 8 – 11 (2016), http://www.finra.org/sites/default/files/digital-investment-advice-report.pdf.

〔2〕 See SEC, *Investor Bulletin: Robo-Advisers* (2017), https://www.sec.gov/oiea/investor-alerts-bulletins/ib_robo-advisers.html.

〔3〕 See Status of Investment Advisory Programs under the Investment Company Act of 1940, Investment Company Act Release No. 22579 (Mar. 24, 1997); Suitability of Investment Advice Provided by Investment Advisers, Advisers Act Release No. 1406 (Mar. 16, 1994).

议适合客户，具体包括以下方面。[1]

（1）依靠问卷收集客户信息

智能投顾主要根据客户对在线问卷的回答来提供投资建议。各公司的问卷在长度和所要求的信息类型方面有所不同。例如，一些智能顾问会根据客户的年龄、收入和财务目标生成推荐的投资组合。另一些智能投顾在生成推荐的投资组合时，可能会通过问卷调查获得不同或额外的信息，如投资期限、风险承受能力、生活和其他费用。而其中的一些问卷的设计没有为客户提供机会，让客户给出与其回答相关的额外信息或背景。此外，智能投顾的设计可能无法让咨询人员对客户的回答进行跟踪或澄清，解决客户回答中的不一致之处，或在填写问卷时为客户提供帮助。

鉴于这种互动的有限性，在考虑其问卷设计是否旨在获得足够的信息以支持其适当性义务时，智能投顾应当考虑：①这些问题是否能获得足够的信息，使智能投顾根据客户的财务状况和投资目标，得出其最初和后续的投资建议是否适合客户的结论；②问卷上的问题是否足够清晰，以及问卷的设计是否在有需要时，为客户提供了额外的澄清或示例（如使用提示框或弹出框等设计）；③是否已采取措施来处理客户回答中的不一致情况，如在问卷中纳入这样的设计，当客户的回答出现内在的不一致时，提醒他并建议其重新考虑这些回答；或系统自动标记出客户提供的明显不一致的信息，以供智能投顾复查或跟进。

（2）投资策略的改变以客户为导向

许多智能投顾让客户有机会选择自己推荐投资组合以外的投资组合。而有些智能投顾并不为客户提供向投资顾问人员咨询的机会，以了解客户所选择的投资组合是如何与客户所陈述的投资目标和风险画像相关联的，以及投资组合对该客户的适当性。这可能导致客户选择一个投资组合，而

---

[1] See SEC, *Guidance Update*: *Robo-Advisers* 6 - 7 (2017), https://www.sec.gov/files/2017-03/im-guidance-2017-02.pdf.

智能投顾认为，该投资组合不适合智能投顾根据客户问卷回答为其生成的投资目标和风险画像。因此，出于维护客户最佳利益的义务，智能投顾应该考虑提供说明，即为什么它认为特定的投资组合可能更适合给定的投资目标和风险画像。在这方面，智能投顾应当考虑用弹出框或其他设计，以提醒客户其所述目标与所选投资组合之间的潜在不一致。

2. 建立和使用客户画像的有效做法

美国金融业监管局认为，了解客户的投资目标及财务状况的具体事实和情况，从而建立投资者画像，对于提供可靠的投资建议是至关重要的。无论客户画像是由金融专业人士还是算法完成的，其核心原则都是适用的。有效的客户画像包括以下方面。[1]

(1)准确识别客户画像所必需的关键信息要素

进行客户画像的一个关键问题是，什么样的信息是必要的，以建立一个有足够信息的客户画像，从而做出合理的投资建议。美国金融业监管局在其规则中规定了经纪交易商必须收集的最低限度信息。其中，2090 规则(了解你的客户)要求经纪交易商在开户时及之后进行合理的尽职调查，了解客户的基本情况。在提出建议时，2111 规则(适当性)要求经纪交易商进行合理的尽职调查，以获取和分析客户的投资概况，包括但不限于“客户的年龄、其他投资、财务状况和需求、税务状况、投资目标、投资经验、投资期限、流动性需求、风险承受能力及客户可能向与此建议有关的成员或有关人士披露任何信息”。适当性规则还指出，“每个因素的重要性程度可能因个案的事实和情况而有所不同”。

一般而言，在评估智能投顾工具的输出是否满足特定客户的适当性义务时，需要考虑以下问题：①该工具是否寻求获得所有必需的投资画像因素？②如果不是，该公司认为特定因素是不必要的是否有合理的理由？

---

〔1〕 See FINRA, *Report on Digital Investment Advice* 8 – 11 (2016), http://www.finra.org/sites/default/files/digital-investment-advice-report.pdf.

③该工具如何处理客户对画像相关问题的矛盾回应？④确定某个证券或投资策略适合客户的标准、假设和限制是什么？⑤该工具是否有利于任何特定的证券？如果是，这种做法的理由是什么？⑥工具是否考虑投资的集中度水平？如果是，在什么水平（如特定证券、证券类别或行业部门）？

（2）评估客户的风险承受能力和风险承受意愿

风险容忍度是进行客户画像和投资建议的一个重要考虑因素。在评估客户的风险容忍度时。应当考虑两个因素：风险承受能力和风险承受意愿。风险承受能力衡量的是投资者承担风险或损失的能力，他可以是投资者的投资期限、流动性需求、投资目标和财务状况的函数。例如，25岁以退休为目的投资的客户，其风险承受能力可能比25岁为3年后的研究生教育而投资的客户要强。与之相对应的，风险承受意愿衡量的是客户对风险的态度。例如，一个客户如果愿意在一年内承受20%的潜在损失，以换取更高的收益上行潜力，那么他的风险承受意愿就比专注于本金保护的客户更高。当风险承受意愿超过风险承受能力时，就会出现问题。

评估投资者的风险承受意愿有多种方法：①在最基本的层面上，一些公司会要求投资者从预先设定的评级中进行选择，通常从“保守”到“激进”不等。②一些评估风险意愿的方法是基于情景的，并可能利用投资者的实际经验。例如，一个智能投顾工具会问以下问题：“你是否曾经在一年内损失过20%或更多的投资？”如果回答是，你可以进一步回答：“有一年我损失了20%的投资，我：a）卖掉了所有的；b）出售一些；c）什么都没做；d）重新分配我的投资；e）买得更多。”③还有一些方法是让投资者回答一些假设的问题。其中，一些风险评估工具会向投资者提出一些问题，关于他们愿意冒多大的风险来获得某种收益。投资者可以使用一个滑块来调整潜在的损益，使其达到他们满意的水平。另一些风险评估工具会要求用户按照假设的预算选择两种证券的组合。该工具要求用户对不同的预算进行多次选择，然后汇总用户的回答，以评估用户风险承受能力的各种特性。④一些供应商将风险评估工具与投资组合分析工具结合在一起。例如，有些供应商的工具可以评估客户的风险容忍度和他们投资组合中的证券头寸之间的一致性。⑤还有一些供应商提供的工具允许金融专业人士从各种场景中选择，对客户的账户进行“万一”（what if）式的风险分析。这些“万一”的例子包括新兴市场遭遇硬着陆、中国经济放缓或美国信用评级被下调等。

（3）处理客户画像问卷中矛盾或不一致的回答

在回答客户画像问卷的过程中，客户可能会提供相互矛盾的回答，智能投顾公司应该设法处理这些回答。这可以通过与客户讨论来实现，或者在纯粹的数字环境中，通过让客户意识到其回答的矛盾之处，并提出额外的问题来解决。在实践中，有些公司平均采用了相互矛盾的回应，有些则采用了更为保守的回应。平均是一种糟糕的做法，因为它可能导致客户的投资组合超过其风险承受能力。如果一个公司不对客户的回答做进一步的协调，采取更保守的反应是一个比平均更好的方法，因为它减少了不可接受的损失的机会。然而，即使采用这种方法，客户最终也可能得到一个不能反映他们预期风险的投资组合。

（4）评估投资（与储蓄或偿债相比）是否适合客户

对于考虑开立投资账户的个人来说，一个门槛式问题就是投资是否是一个合适的做法。在某些情况下，这笔钱用于偿还债务或储蓄可能更好。对智能投顾公司来说，有效的做法是充分了解客户的财务状况，并让客户意识到投资可能不适合他们。例如，在美国金融业监管局观察到的公司中，一家主要面向可投资资产在5000美元至10万美元大众市场客户的公司，会询问潜在客户他们的月净收入，以帮助确定对他们而言投资是否是一个合适的选择。另一家公司的客户基础一般比较富裕，其通过询问投资者的投资期限和风险承受能力来确定客户的个人画像是否过于保守而不能投资。还有一家公司虽然没有直接解决个人是否应该投资的问题，但在其"常见问题"说明中敦促客户保持足够的储蓄,以支持至少六个月的支出。

(5)定期联系客户,以确定他们的资料是否发生了变化

有些公司可能会允许客户在网上修改他们的个人资料。如果投资者经常改变他们的资料,一个有效的做法是由智能投顾公司联系投资者,了解投资者为什么要做出这些改变。

(6)为客户画像工具建立适当的治理和监督机制

要为客户画像工具建立适当的治理和监督机制,实际上最关键的就是要建立对算法工具的治理和监督机制。算法逻辑反映了智能投顾在处理客户画像任务上的方法,如果算法设计得很差或者代码不正确,就有可能对投资者产生不利影响。

(7)询问客户需求,以确保数字化建议的适当性

保证所提出的咨询建议适当性的一种有效的做法,是由公司询问客户,以确定其咨询需求是否能仅仅通过数字化方法得到充分满足。例如,一个纯粹的数字化工具可能无法满足希望整合管理多个投资账户和多个投资目标的客户。在这些情况下,按照咨询流程,客户可以被转给金融专业人士。

(二)新加坡

根据新加坡《金融顾问法》第27条的规定,作为金融顾问运作的数字化顾问必须有合理的基础,向合理预期可能依赖该推荐的人推荐任何投资产品。数字化顾问需要采取合理步骤收集和记录,以确保提出的建议考虑了客户的投资目标、财务状况和特殊需求,包括:(1)客户的财务目标;(2)客户的风险承受能力;(3)客户的工作状况;(4)客户的财务状况,包括资产、负债、现金流量和收入;(5)客户常规收入的来源及金额;(6)客户的财务承诺;(7)客户目前的投资组合,包括任何人寿保单;(8)投资金额是否占客户资产的很大一部分;(9)就任何有关人寿保单的建议而言,客户的

受养人数目,以及每位受养人所需的经济支持的范围和持续时间。[1]

金融顾问须通过客户知识评估或客户账户审查,评估客户是否具备投资特定投资产品的相关知识和经验。这同样适用于数字化顾问,而不论客户是否是自主投资型的。因此,对于数字顾问来说,拥有从客户那里收集信息的相关框架,使他们能够对产品的适用性进行客户知识评估或客户账户审查是非常重要的。如果自主投资的客户被评估为没有知识和经验来投资特定投资产品,数字化顾问需要适当地警告他们和向他们提供建议。[2]

(三)中国香港特别行政区

中国香港特别行政区要求,运营网上分销及投资咨询平台的持牌人或注册人在作出建议或招揽行为时,经考虑其所察觉的或经适当查证后理应察觉的关于该客户的数据后,应确保其向该客户作出的建议或招揽行为,在所有情况下都是合理的。[3]

1. 适当性规定的触发

是否已出现触发适当性规定的"招揽"或"建议"行为是一个关乎事实的问题,应以每宗个案在直至销售或作出建议之前的所有情况作为评估基础。有关产品材料于网上平台登载的整体展现安排(如呈示方式)及其内容,以及网上平台内容的设计及其营造的整体印象,都是断定是否触发适当性规定的考虑因素。登载基于事实、持平及不偏不倚的有关产品材料本身不会构成招揽或建议行为,因此不会触发适当性规定。这是基于没有出现会构成就某投资产品作出招揽或建议行为的其他情况。举例来说,如网

---

〔1〕 See MAS, *Guidelines on Provision of Digital Advisory Services* 16 (2018), https://www.mas.gov.sg/-/media/MAS/Regulations-and-Financial-Stability/Regulations-Guidance-and-Licensing/Securities-Futures-and-Fund-Management/Guidelines-on-Provision-of-Digital-Advisory-Services--CMGG02.pdf.

〔2〕 See MAS, *Guidelines on Provision of Digital Advisory Services* 17 (2018), https://www.mas.gov.sg/-/media/MAS/Regulations-and-Financial-Stability/Regulations-Guidance-and-Licensing/Securities-Futures-and-Fund-Management/Guidelines-on-Provision-of-Digital-Advisory-Services--CMGG02.pdf.

〔3〕 参见中国香港特别行政区《网上分销及投资咨询平台指引》第5.2条。

上平台侧重某些投资产品多于其他产品，或通过网上平台进行涉及招揽或建议行为的一对一互动沟通时，便会触发适当性规定。[1] 若客户与平台营运者的代表借由网上平台进行一对一的互动沟通，或平台营运者的代表曾与客户进行其他沟通，这一点在断定适当性规定是否已被触发时必须加以考虑。即使部分沟通单独看来可能不会触发适当性规定，适当性规定亦可能会被触发。客户与平台营运者的代表借由网上平台进行的互动沟通或平台营运者的代表与客户之间的其他沟通，包括通过网上实时通信进行沟通，或客户致电网上平台列出的电话热线，并与平台营运者的代表交谈。[2]

2. 适当性规定的履行

一旦触发了适当性规定，平台营运者便须在销售或作出建议时，履行为客户提供合理适当建议的责任。[3] 平台营运者应将客户所选投资产品的风险回报状况与该客户的个人情况进行配对，从而履行其在适当性规定下的现有责任。这可能涉及网上平台评估客户风险承受水平及风险状况并据此为客户厘定风险状况，以及平台营运者进行产品尽职审查，以确定投资产品的风险回报状况并据此为投资产品厘定风险状况。然而，应注意的是，若只是机械式地将投资产品的风险评级与客户的风险承受水平进行配对，可能不足以履行适当性规定。平台营运者应确保适当地设计风险评估方法，借此在编配投资产品风险状况的过程中，同时考虑定量及定质的因素和涉及的所有风险，包括信贷风险、流动性风险、对手方风险及杠杆的使用等。平台营运者应设有适当的程序以定期复核适用于投资产品的风险状况评估的方法和机制，亦应定期复核投资产品的风险状况。在厘定客户的风险状况时，平台营运者应根据通过认识你的客户程序取得的客户数据作出评估。客户的个人风险状况亦应在适当情况下定期予以复核及更

---

〔1〕 参见中国香港特别行政区《网上分销及投资咨询平台指引》第5.3条。
〔2〕 参见中国香港特别行政区《网上分销及投资咨询平台指引》第5.10条。
〔3〕 参见中国香港特别行政区《网上分销及投资咨询平台指引》第5.6条。

新。若使用风险评分问卷来评估客户的风险状况，平台营运者应尤其注意问题及背后的评分机制的设计，而该等问题及评分机制应为可准确地反映客户的个人情况而适当地构思。平台营运者应设有适当的程序，以定期复核适用于客户的风险状况评估的方法和机制。[1]

在履行适当性规定时，平台营运者尤其应注意但不限于以下事项（如适用）：(1)平台营运者在提供任何意见时以勤勉尽责及谨慎的态度行事，并确保有关建议及推荐都是经过透彻分析和考虑过其他可行途径后才作出的（如是否有任何类似但费用可能较低的投资产品）。(2)在向客户提供投资意见时，平台营运者不得让佣金报酬或其他利益成为向客户招揽或推介某一投资产品的主要依据。(3)平台营运者应设立适当的机制，以通过其网上平台评估投资产品的适当性。有关机制应该是整体性的，即应顾及客户个人情况的所有相关因素（包括集中风险）。(4)网上平台应设有适当的工具用来评估客户的集中风险，有关评估应以平台营运者通过认识你的客户程序取得的客户数据，以及平台营运者所持有的任何投资组合作为根据。[2]

3. 机械理财建议的适当性要求

在网上平台就投资产品提供投资意见（包括机械理财建议），将会触发适当性规定。[3] 若机械理财顾问运用客户状况评估工具及/或问卷获取客户数据，以作为其认识你的客户程序的一部分，便应确保客户状况评估工具及/或问卷的设计能够让机械理财顾问取得足够的数据，以便按照客户的个人情况提供适合的意见。这包括客户状况评估工具及/或问卷的设计，应容许客户有机会作出额外说明及背景资料（如适用）。[4] 机械理财顾问应设有妥善机制，以便在客户提供的数据中识别不一致的情况，并寻

---

[1] 参见中国香港特别行政区《网上分销及投资咨询平台指引》第5.7条。

[2] 参见中国香港特别行政区《网上分销及投资咨询平台指引》第5.8条。

[3] 参见中国香港特别行政区《网上分销及投资咨询平台指引》第5.5条。

[4] 参见中国香港特别行政区《网上分销及投资咨询平台指引》第4.5条。

求作出纠正。例如，机械理财顾问可透过弹出式窗口提醒客户该等不一致的情况，以及给予客户更改已输入数据的机会。机械理财顾问亦可于内部标示出任何不一致的数据，以作检讨及跟进。[1] 若机械理财顾问运用风险评分问卷来评估客户的风险状况及/或厘定应提供予客户的顾问服务，便应尤其注意问题及背后的评分机制的设计，而该等问题及评分机制应为可准确地反映客户的个人情况而构思。[2]

第二节 智能投顾的信息披露

一、对商业模式的披露

信息披露在智能投顾的规制问题上具有非常重要的地位。信赖与信任的关系始于对话，即参与者之间的信息交换，这需要参与者之间相互倾听并对交换的信息做出反应。除非通过分享或信息披露建立起信任，否则交易是不可能发生的。信息披露不仅是整个金融行业监管的一个标志，而且是投资顾问监管中使用的一个关键工具。[3] 在智能投顾的信息披露中，最基本的是对其商业模式和服务范围的说明。我国"资管意见"第 23 条第 2 款在该问题上仅要求"充分提示人工智能算法的固有缺陷和使用风险"，以及"不得借助人工智能业务夸大宣传资产管理产品或者误导投资者"。美国证券交易委员会的监管指引指出，智能投顾应以投资者容易理解的方式披露其业务模式信息，除披露投资顾问的一般信息外，还需披露智能投顾的特殊商业习惯和关联风险信息，包括算法功能描述、算法模型的假设及限制、算法固有风险、算法失控风险、算法程序外包商、收费标准、投资顾

[1] 参见中国香港特别行政区《网上分销及投资咨询平台指引》第 4.6 条。

[2] 参见中国香港特别行政区《网上分销及投资咨询平台指引》第 4.7 条。

[3] See Nicole G. Iannarone, *Rethinking Automated Investment Adviser Disclosure*, 50 University of Toledo Law Review 433, 438 – 439 (2019).

问人员对算法的权限等可能影响投资者利益的信息。[1] 当投资顾问使用第三方的智能投顾作为子顾问时,仍然必须承担同样的受托责任。作为受托人,其有责任向客户充分和公平地披露所有重要事实,且信息应以客户易于阅读和理解的方式来呈现,避免误导客户。所披露的信息应当包括其选用子顾问的标准,投资顾问与子顾问所收取的相关费用,所存在的任何利益冲突情况,投资顾问选用此子顾问时收到的任何报酬,投资顾问对客户隐私信息的处理方法以及相关网络安全问题,以及定期检查的频率等。[2] 在智能投顾不实披露的情况下,监管机构应当对其虚假陈述行为予以处罚。例如,2018 年 12 月,美国证券交易委员会首次对智能投顾采取了执法行动,声称两个智能投顾公司 Wealthfront 和 Hedgeable 都在提供咨询服务时对各自的客户作出了不实陈述。[3] 这两个执法行动最终都以和解方式结案。[4]

二、对利益冲突的披露

(一)智能投顾利益冲突披露的重要性

在智能投顾业务关系中,在多种主体之间都有可能存在利益冲突。例如,有学者将智能投顾业务中的利益冲突归纳为三种情况:第一,智能投顾与负责保管资产、执行交易指令的经纪交易商之间的利益冲突;第二,智能投顾公司与负责设计、开发、管理算法的第三方科技公司之间的利益冲突;

---

〔1〕 See SEC, *Guidance Update*: *Robo-Advisers* 3 – 4 (2017), https://www.sec.gov/files/2017-03/im-guidance-2017-02.pdf.

〔2〕 See Andrea L. Seidt, Noula Zaharis & Charles Jarrett, *Paying Attention to That Man behind the Curtain*: *State Securities Regulators' Early Conversations with Robo-Advisers*, 50 University of Toledo Law Review 501, 520 – 521 (2019).

〔3〕 SEC, *Charges Two Robo-Advisers With False Disclosures* (Dec. 21, 2018), https://www.sec.gov/news/press-release/2018-300.

〔4〕 In the Matter of Wealthfront Advisers, S. E. C. Release No. 5086 (Dec. 21, 2018); In the Matter of Hedgeable Inc., S. E. C. Release No. 5086 (Dec. 21, 2018).

第三,智能投顾公司进行自我交易。[1] 也有学者将常见的利益冲突分为三种情况:其一,智能投顾与第三方科技公司的利益冲突;其二,智能投顾与特定证券公司的利益冲突;其三,关联产品与服务交易的利益冲突。[2] 事实上,利益冲突的存在非常广泛,形式也非常多样,对可能的利益冲突的列举只是起到一种提示注意的作用,所有的列举都有可能是一种不周全的做法。因此,正确的做法是要求智能投顾公司披露所有可能导致利益冲突的情况。

从实践来看,智能投顾的风险主要体现在利益冲突上。而考虑到以下情况,通过法律和监管规则来规制智能投顾业务中的风险就显得更为重要。一是算法偏见。智能投顾的利益冲突比人类顾问的利益冲突有更大、更确定的影响。传统投资顾问公司的个别员工可能受到外部激励措施的不同影响,有些员工可能很容易受到报酬和奖金激励措施的诱惑,而另一些则不然。然而,如果利益冲突使智能投顾的算法产生偏差,那么毫无疑问,这种冲突将影响所有客户及其投资回报。如此,智能投顾的利益冲突会造成更大、更确定的系统性影响。二是不成熟的投资者。智能投顾客户比大多数投资顾问客户更不成熟,因此更难以理解利益冲突的后果。作为一项成本较低的服务,智能投顾主要面向的是较年轻且不太老练的投资者,因此需要特殊的关照。鉴于智能投顾客户普遍缺乏金融知识,智能投顾的利益冲突信息披露应该更加透明。三是市场趋势。首先,智能投顾市场正在迅速增长,而且由于年轻投资者天生就信任技术,随着人口越来越富裕,智能投顾可能会继续获得吸引力,有效的监管将越来越有必要,以确保客户得到保护,并保持对服务的信任。其次,由传统基金公司运营的智能投顾越来越普遍,它们比独立的智能投顾更有可能发生冲突,这也增加了建立一个针对利益冲突的全面监管体系的必要性。最后,随着人工智能

〔1〕 参见李文莉、杨玥捷:《智能投顾的法律风险及监管建议》,载《法学》2017 年第 8 期。
〔2〕 参见郭雳:《智能投顾开展的制度去障与法律助推》,载《政法论坛》2019 年第 4 期。

的继续发展,自动化投资建议只会变得更加复杂,因此监管机构应该开始开发一种有效的监管手段。[1]

(二)对智能投顾利益冲突的披露要求

除商业模式之外,智能投顾信息披露最重要的内容就是对利益冲突情形的披露。虽然智能投顾基于其可视界面的设计,在信息披露的方式上可能比人类投资顾问更加清晰,[2]但是金融从业人员将自己隐蔽在算法背后,使利益冲突问题可能更加隐蔽。

智能投顾最常需要披露的利益冲突主要包括对关联经纪商和关联服务与产品的使用。[3] 很多智能投顾都有关联的经纪交易商,由同一母公司所有,来执行所有智能投顾推荐的交易。这种做法并不是智能投顾独有的,几乎20%的投资顾问都有一个附属的经纪交易商。这在法律上是允许的,但也会与客户的利益密切相关。例如,如Betterment的宣传册所述,其所有客户交易都是通过关联公司执行的,而不管这是否符合客户的最佳利益。这有利于Betterment,因为它的关联经纪交易商既收取执行费用,也从买卖价差中获利。关联公司收取的执行费对Betterment客户来说不是问题,他们和大多数智能投顾客户一样,通过打包收费模式收取费用,这意味着他们为所有咨询、经纪和托管服务支付固定的、基于资产的费用。无论执行费是多少,这个费用都是一样的。另外,关联公司从买卖价差中获得的利润令人担忧,因为它们会影响客户的回报。Betterment关联公司有一种比其他经纪交易商报价更低的动机,这样它就可以从价差中获利,而且它并没有被阻止这样做,因为正如宣传册所述,其客户不能在不改变咨询

---

〔1〕 See Megan Ji, *Are Robots Good Fiduciaries? Regulating Robo-Advisors under the Investment Advisers Act of* 1940, 117 Columbia Law Review 1543, 1577－1579 (2017).

〔2〕 参见[美]约翰·莱特伯恩:《算法与受托人:对人工智能理财规划师现有和拟议的监管方法》,李诗鸿译,缪因知校,载彭冰主编:《金融法苑》第99辑,中国金融出版社2019年版,第255页。

〔3〕 See Megan Ji, *Are Robots Good Fiduciaries? Regulating Robo-Advisors under the Investment Advisers Act of* 1940, 117 Columbia Law Review 1543, 1573－1577 (2017).

服务的情况下选择不同的经纪交易商。如果 Betterment 的客户比市场上的其他投资者支付更多的资产，他们的回报将会更低。

在智能投顾对关联服务和产品的推广方面，传统基金公司运营的智能投顾服务还会有其他棘手的利益冲突问题。这些服务通常向客户收取很低的咨询费，但其并不依赖这些费用实现利润，而是通过智能投顾对关联服务和产品的推荐。当此种推荐与客户的利益不符时，就会产生问题。例如，嘉信理财将其智能投顾 SIP 宣传为"0 美元咨询费、账户服务费或佣金"的服务。然而，当嘉信理财首次推出这项服务时，该公司的宣传手册中披露，每位客户的投资组合中有很大一部分（7% ~30%）将被配置为现金，并投资于嘉信理财的零售银行服务。SIP 将这部分资金分配给现金，但对客户来说，可能更小的比例是最理想的。这可能是因为嘉信理财的零售银行利润，来自支付存款利率和存款投资回报之间的息差。这种做法对客户产生了重大的负面影响，因为如果将资产配置为现金而未进行更有效的投资，他们实际上会错过所有本应获得的回报。事实上，瑞杰金融集团估计 SIP 客户可能会放弃了相当于 75 个基点的投资。然而，如果没有这些外部费用，SIP 的经营模式实际上是不可持续的。[1] 与嘉信理财的 SIP 类似，与推销关联产品和服务有关的冲突在其他基金公司运营的智能投顾中也很常见。例如，先锋领航的个人投资顾问服务公司向客户收取 30 个基点的费用，这一费率与许多独立的智能投顾公司相当。因此，与 SIP 不同的是，它并不完全依赖关联服务的利润。尽管如此，当智能投顾推荐他们自己的

---

〔1〕 所以，有观点认为，完全禁止智能投顾从事利益冲突交易也是不可行的。虽然全面禁止将更容易让投资者理解，也将最充分地保护投资者。然而，在实际层面上，禁令还将损害智能投顾市场，因为它将导致基金公司的智能投顾退出市场，有可能损害投资者利益。基金公司开发和提供智能投顾，是为了推动业务向他们的其他服务和产品转移。如果 SIP 不被允许支持嘉信理财的 ETF 和零售银行，这项服务就不存在。这些基金公司智能投顾是目前推动智能投顾市场增长的强大的力量，它们的消失将阻碍技术的发展，因此投资者能得到的投资建议就会受到限制。See Megan Ji, *Are Robots Good Fiduciaries? Regulating Robo-Advisors under the Investment Advisers Act of* 1940, 117 Columbia Law Review 1543, 1582 – 1583 (2017).

基金和 ETF 产品时，先锋领航还是获得了额外的费用，并且面临同样的利益冲突问题。

我国“资管意见”第 24 条第 2 款规定：“金融机构的资产管理产品投资本机构、托管机构及其控股股东、实际控制人或者与其有其他重大利害关系的公司发行或者承销的证券，或者从事其他重大关联交易的，应当建立健全内部审批机制和评估机制，并向投资者充分披露信息。”该款是从资产管理产品投资关联证券的角度所作的规定，但其基本原理与智能投顾利益冲突披露的要求相似。不过，此种笼统的披露要求在实际运行中的效果可能并不好。因为仅仅是对利益冲突事实的披露，有可能被客户忽略或轻易同意，因为其无法理解和评估此种利益冲突对自身的具体影响。从域外经验来看，美国金融业监管局的 2214 规则要求智能投顾应披露其是否偏爱某些证券，如果是则应当解释选择这些证券的原因，并在可行的情况下说明其他未被考虑的投资可能具有的类似或优于正在分析的投资的特征，如成本结构等。[1] 笔者认为此种监管思路是有必要的，应当要求智能投顾披露其所推荐的关联服务或产品与非关联服务或产品在客户收益上的差别，供客户比较，以让其在知情的基础上决定是否接受智能投顾将关联服务或产品纳入推荐范围。

在投资顾问使用智能投顾的情况下，其应当向监管机构和投资者披露有关使用自动化投资工具的必要信息。投资顾问应该披露他们何时使用智能投顾服务，他们具体使用了哪些公司的自动化工具，以及与这种使用相关的费用。投资顾问使用第三方的智能投顾作为子顾问时，仍然必须承担同样的受托责任。作为受托人，投资顾问有责任向客户充分和公平地披露所有重要事实，并采取合理的谨慎，避免误导客户，且信息应以客户易于阅读和理解的方式来呈现。所披露的信息应当包括：投资顾问选用子顾问

---

〔1〕 See FINRA, *Report on Digital Investment Advice* 7 (2016), http://www.finra.org/sites/default/files/digital-investment-advice-report.pdf.

的标准,投资顾问与子顾问所收取的相关费用,所存在的任何利益冲突情况,投资顾问选用此子顾问时收到的任何报酬,投资顾问对客户隐私信息的处理方法以及相关网络安全问题,以及定期检查的频率。[1]

特别需要关注的是,在卖方智能投顾模式下,智能投顾平台的利益源于基金公司的销售提成,这种盈利模式严重偏离了投资者利益最大化原则,并引发了智能投顾与投资者之间的潜在利益冲突。使用智能投顾的一个主要好处是费用和成本更低,但如果智能投顾推荐的投资产品成本很高,客户的总成本仍可能很高。[2] 因此,智能投顾还需对外重点披露其收费模式、合作基金公司(如有)、算法是否对关联基金公司产品具有偏向性等信息。由于卖方智能投顾是以赚取交易佣金为收费模式,存在不正当增加交易次数和交易量的风险,这可能与客户追求长期收益的投资策略产生利益冲突,因此还需要卖方智能投顾以客户容易理解的方式充分披露其算法设置的调仓频率参数。如果一个智能投顾平台采取的是卖方投顾的经营模式,却对客户声称提供的是买方投顾的理财服务,这样事实上就构成了对客户的欺诈。

三、信息披露方式的改进

披露作为证券和投资顾问的监管工具所面临的最大挑战之一是,相同的材料是针对多个受众使用的,并假定单个披露适用于所有人。然而,对于不同的客户,实际上应该按照他们个人的层次和需要定制披露。有的时候,要求披露的交易很复杂,包括一些甚至可能无法向最老练的客户有效披露的内容。在许多情况下,接受披露的客户无法对披露的信息做出适当

〔1〕 See Andrea L. Seidt, Noula Zaharis & Charles Jarrett, *Paying Attention to That Man behind the Curtain: State Securities Regulators' Early Conversations with Robo-Advisers*, 50 University of Toledo Law Review 501, 520 – 521 (2019).

〔2〕 See SEC, *Investor Bulletin: Robo-Advisers* (2017), https://www.sec.gov/oiea/investor-alerts-bulletins/ib_robo-advisers.html.

的反应,因为其被披露的大量信息弄得不知所措。此外,通过披露向客户提供的实质上很复杂的信息,没有伴随任何测试来确定其是否被理解或被恰当使用。有学者甚至认为,披露事实上是不可能的,因为智能投顾可能无法解释其决策。即使智能投顾能够解释它们的决策,且所有客户都能够理解这些信息,但客户们在现实中似乎并不会阅读提供给他们的披露信息。如果客户不能以预期的方式理解或使用,披露本身就没有效果。[1] 这一点非常重要,从经验来看,数字世界中纯粹基于披露的制度,被广泛认为在实际告知消费者和纠正他们的有限理性方面并不成功。在其他领域,消费者都有不经详细阅读和理解便点击已阅重要条款的倾向,没有理由认为智能投顾的客户不会这样。而且就像在线商家和其他服务提供商一样,智能投顾公司可能会受到诱惑来根据自己的方便而调整条款,并且几乎不会付出任何代价,因为其知道投资者并不会抵触甚至意识到这些变化。[2]

因此,除使用现有的监管工具外,必须同时对现有的监管工具进行研究,以确定它们在保护投资者方面的效力。例如,对散户投资者对智能投顾披露信息的理解的研究,将为进一步评估这一关键工具提供有价值的信息。因此,除审查智能投顾所披露的信息的完整性和准确性之外,还应进行外部研究,以评估投资者对所披露信息的理解程度,并制定最佳做法,从而实现有效的披露,让投资者真正了解他们与智能投顾之间的关系。[3] 此外,信息披露的方式也十分重要。通过智能投顾的技术创新,可能可以更有效地向散户投资者披露信息。因此,监管机构应该探索智能投顾的技术能力,以一种与如今的投资者更相关的方式披露信息。智能投顾的所谓对

〔1〕 See Nicole G. Iannarone, *Rethinking Automated Investment Adviser Disclosure*, 50 University of Toledo Law Review 433, 440 - 441 (2019).

〔2〕 See Andrea L. Seidt, Noula Zaharis & Charles Jarrett, *Paying Attention to That Man behind the Curtain: State Securities Regulators' Early Conversations with Robo-Advisers*, 50 University of Toledo Law Review 501, 511 (2019).

〔3〕 See Nicole G. Iannarone, *Computer as Confidant Digital Investment Advice and the Fiduciary Standard*, 93 Chicago-Kent Law Review 141, 161 (2018).

投资者更友好的技术,应该也能够被用于提高信息披露的效率,以及促进其对信息披露的理解。例如,智能投顾可以探索运用自己的技术能力,来追踪他们的客户是否阅读和理解披露信息,以及在多大程度上阅读和理解披露信息,并跟踪那些可能需要额外关注才能完全理解的客户。[1] 计算机有能力监控和评估投资者对披露信息的使用和理解,其方式是人类可能无法完成的,这也是其优势所在。智能投顾可以与投资者合作,帮助他们理解共享的信息,以实现基于信息披露的监管制度的目标。为了改善信息披露,智能投顾可以学习和研究投资者的理解能力,并为投资者提供定制的信息披露。信息披露是积极的,需要投资者的参与和互动,并且是往返式的,当智能投顾确定客户理解了之前的信息披露材料时,就可以为后续阶段的决策提供更多信息。智能投顾应该提供给客户选择权,即客户可以选择这种基于机器学习的主动和反复的信息披露,也可以选择仅以标准格式接收信息披露。[2]

四、落实智能投顾信息披露义务的经验

针对智能投顾的信息披露规则,不同国家和地区存在以下可供参考的经验。

(一)美国

美国证券交易委员会认为,客户从投资顾问那里获得的信息对他做出明智决策至关重要,这些决策涉及是否雇佣投资顾问,以及管理与投资顾问的关系。作为受托人,投资顾问有责任向客户充分和公平地披露所有重要事实,并采取合理的谨慎做法以避免误导客户。投资顾问所提供的信息必须足够具体,以便客户能够了解投资顾问的业务操作方法和利益冲突。

---

〔1〕 See Nicole G. Iannarone, *Computer as Confidant Digital Investment Advice and the Fiduciary Standard*, 93 Chicago-Kent Law Review 141, 162 (2018).

〔2〕 See Nicole G. Iannarone, *Rethinking Automated Investment Adviser Disclosure*, 50 University of Toledo Law Review 433, 442 – 443 (2019).

这些信息必须以客户易于阅读(如以书面形式)和理解的方式呈现。特别是,由于客户在与智能投顾的互动过程中,有可能发生有限的人工介入,智能投顾公司应当注意,客户能否做出是否介入或继续投资咨询关系的明智决定,可能仅仅依赖于智能投顾通过电子邮件、网站、移动应用程序或其他电子媒介所做的披露。[1] 此外,考虑到智能投顾商业模式的独特性,包括其依赖算法和互联网作为提供顾问服务的手段等,智能投顾公司可能希望考虑以最有效的方式向客户说明其顾问服务的局限性、风险和运作模式。因此,在设计信息披露方式时,智能投顾公司应考虑如何解释其业务模式和所提供的投资顾问服务的范围,以及如何向客户提供重要信息。具体而言,信息披露涉及以下几个方面。[2]

1. 对商业模式的说明

为了解决客户在了解智能投顾如何提供投资咨询方面的潜在障碍,智能投顾公司除了需要披露的一般信息外,还应披露其特定业务运作和相关风险的信息。[3] 智能投顾公司应考虑提供的信息包括:(1)使用算法管理客户个人账户的声明;(2)对用于管理客户账户算法函数的说明(例如,推荐的投资组合是由算法生成的,以及客户个人账户由算法进行投资和再平衡);(3)对用于管理客户账户算法的假设和限制的说明(例如,如果算法是基于现代投资组合理论,则说明背后的假设和该理论的限制);(4)对使用算法管理客户账户所固有的特定风险的说明(例如,该算法可能在不考虑市场条件的情况下或可能比客户预期更频繁地对客户账户进行再平衡,以及该算法可能无法应对市场环境的长期变化);(5)对任何可能导致智能投顾推翻用于管理客户账户算法的情况的说明(例如,在压力过大的市场环境下,智能投顾可能暂停交易或采取其他临时防御措施);(6)对任何第

---

〔1〕 See Amendments to Form ADV, Advisers Act Release No. 3060 (July 28, 2010).

〔2〕 See SEC, *Guidance Update: Robo-Advisers* 3 – 6 (2017), https://www.sec.gov/files/2017-03/im-guidance-2017-02.pdf.

〔3〕 See Amendments to Form ADV, Advisers Act Release No. 3060 (July 28, 2010).

三方参与对用于管理客户账户算法的开发、管理或共有,以及如此安排会产生任何利益冲突的说明(例如,如果第三方以折扣价向智能投顾提供算法,但该算法会将客户引向该第三方获得报酬的产品);(7)对智能投顾将会直接向客户收取的任何费用,以及客户将会直接或间接承担其他费用的说明(例如,客户需要支付的与咨询服务相关的费用或开支,如托管人或共同基金费用、经纪费和其他交易费用等);(8)对人类参与客户个人账户监督和管理程度的说明(例如,投资顾问人员监督算法,但可能不监控每个客户的账户);(9)对智能投顾如何使用从客户收集到的信息来生成推荐的投资组合,以及存在的局限性(例如,如果仅使用问卷,对问卷的答复可能是智能投顾建议的唯一依据;如果智能投顾可以访问其他客户信息或账户,那么这些信息将被如何使用以生成投资建议);(10)对客户应该如何以及何时更新其提供给智能投顾信息的说明。

2. 对投资顾问服务范围的说明

与所有注册投资顾问一样,智能投顾公司应考虑其提供的投资顾问服务的描述是否清晰,并采取合理谨慎的态度,避免对这些服务的范围造成虚假暗示,从而可能对客户造成重大误导。[1] 智能投顾公司应注意避免误导客户,如暗示:(1)智能投顾正在提供一个全面的财务计划,但其事实上并非如此(例如,如果智能投顾没有考虑客户的税务或债务情况,或者投资建议仅仅是为了达到一个特定的目标——如为购买大宗资产或大学学费支付一大笔钱——而不考虑客户的整体财务状况);(2)所提供的税金损失收割服务也包括全面的税务咨询;(3)在生成投资建议时,问卷所收集的信息以外的信息(例如,与智能投顾、其关联公司或第三方持有的其他客户账户信息,或客户补充提交的信息)均被考虑,而这些信息实际上并没有被考虑。

---

[1] See In the Matter of T. Rowe Price and Associates, Inc., Advisers Act Release No. 658 (Jan. 16, 1979).

3. 披露的表达

智能投顾公司可能会也可能不会为客户提供投资顾问人员以强调和解释重要的概念。客户可能也不太会阅读或理解那些晦涩且非通俗易懂的信息。从一些智能投顾网站的信息披露情况来看,智能投顾公司在向客户提供重要信息方面使用了多种做法。由于智能投顾依赖于在线披露来提供此类信息,在传递关键信息、风险和免责声明时可能出现一些独特的问题。因此,智能投顾公司应注意其设计的书面披露方式是否有效,即不会被隐藏(buried)〔1〕或难以理解。特别是,在呈现披露信息时,智能投顾公司应当考虑:(1)是否在注册之前就披露了关键信息,以便客户在使用智能投顾并进行任何投资之前就能获得必要的信息,从而做出明智的投资决策;(2)关键性的披露是否被特别强调(如通过弹出框等设计);(3)一些披露是否应该伴随交互式文本(如通过提示框等设计)或其他方式,提供额外的细节给寻求更多信息的客户(如通过"常见问题"板块);(4)在移动平台上提供的信息披露的显示和格式是否已为该平台做出适当调整。

(二)新加坡

新加坡金融管理局认为,作为一般性的披露原则,数字化顾问应向客户提供足够的信息,以便他们做出明智的投资决策。披露也应以简明易懂的语言和清晰、简单、容易理解的方式进行。信息披露主要涉及以下方面。〔2〕

---

〔1〕 根据"隐藏事实"原则("buried facts" doctrine),如果因为重要信息被"隐藏"(如在脚注或附录中),从而使披露失去了总体上的显著性,法院会认为该披露是虚假和具有误导性的。See Commission Guidance on the Use of Company Web Sites, Investment Company Act Release No. 28351 (Aug. 1, 2008).

〔2〕 See MAS, *Guidelines on Provision of Digital Advisory Services* 14 – 15 (2018), https://www.mas.gov.sg/-/media/MAS/Regulations-and-Financial-Stability/Regulations-Guidance-and-Licensing/Securities-Futures-and-Fund-Management/Guidelines-on-Provision-of-Digital-Advisory-Services--CMGG02.pdf.

1. 算法信息

关于与算法相关的信息,数字化顾问最低限度应以书面形式向客户披露以下信息:(1)算法的假设、限制和风险;(2)数字化顾问可在何种情况下重写算法或暂时停止数字化顾问服务;(3)对算法进行的任何实质调整。

2. 利益冲突

作为金融顾问运营的数字化顾问,需要遵守有关利益冲突的披露要求。特别是,他们必须以书面形式向客户披露,因与任何产品供应商的任何联系或关联而产生的任何实际或潜在的利益冲突,包括可能损害其客观性或独立性的任何重要信息或事实。在其商业模式的背景下,数字化顾问应披露其算法被设计为引导客户投资于由其总部或关联公司管理的投资产品,或支付更高佣金的产品的情况。

3. 境外上市投资产品风险

金融顾问可以将客户关于场外衍生品合约以外的特定产品(如海外上市的 ETF)的订单传递给经纪公司执行。因此,金融顾问有必要向客户强调,在不同的监管制度下运作的海外上市投资产品,对其提供的保护程度可能不同。所有金融顾问,无论是数字化顾问还是传统金融顾问,在为客户提供海外上市投资产品建议时,都被要求在开户时向客户提供此类风险警告声明。同样,经纪公司在首次允许客户交易任何海外上市投资产品之前,都必须向客户提供一份风险警告声明。

在为客户提供海外上市投资产品的建议时,所有金融顾问都必须正确评估海外上市投资产品的优点,以及客户的投资目标、财务状况和特殊需求。他们还被要求确保他们没有违反任何适用的法律和法规,包括新加坡《证券期货法》第 285(1)条,该条款禁止任何人作出集合投资计划单位的要约,如果该集合投资计划没有被授权或认可在新加坡销售。[1] 在这方

---

〔1〕 新加坡《证券期货法》第 285(1)条规定:"任何人不得作出集合投资计划单位的要约,如果该集合投资计划没有依照第 286 条被授权或依照第 287 条被登记。"

面,如果外国基金公司提供的集合投资计划在新加坡既没有被授权也没有被认可,所有金融机构都被禁止作为外国基金公司的委托人或代理人。当金融机构与基金公司有分销安排时,该金融机构就被视为基金公司的代理人。

4. 广告与营销

数字化顾问有义务遵守不进行虚假或误导性宣传的原则。包括信息披露在内的广告也应该是公平和平衡的,以及清晰和适当的。例如,在某些情况下,数字化顾问会披露预期回报,他们应该强调损失的可能性,以提供一个公平和平衡的观点。如果披露过去的业绩,数字化顾问应以书面形式向客户清楚地强调,过去的业绩并不一定代表未来的业绩。数字化顾问通常会宣传他们的财务咨询服务,然而,鉴于数字化顾问在推荐任何模拟投资组合之前需要充分考虑客户的投资目标、财务状况和特定需求,数字化顾问不应宣传其可能在其平台上推荐或提供的特定模拟投资组合。[1]

(三)中国香港特别行政区

在中国香港特别行政区,机械理财顾问的披露义务主要体现在以下方面。

1. 为客户提供资料

机械理财顾问应在网上平台提供足够数据,让投资者能就是否采用机械理财顾问的服务作出有根据的决定。机械理财顾问亦应在网上平台持续地向客户清楚及充分披露有关的重要资料。这些数据可包括其服务的局限性、风险,以及主要组成部分的产生方法(如有关背后算法程序的运作、算法程序的任何局限性、投资组合重新调整机制如何运作及对相关风险的描述)。机械理财顾问亦应知会投资者及客户并向他们解释会提供何

〔1〕 See MAS, *Guidelines on Provision of Digital Advisory Services* 18 (2018), https://www.mas.gov.sg/-/media/MAS/Regulations-and-Financial-Stability/Regulations-Guidance-and-Licensing/Securities-Futures-and-Fund-Management/Guidelines-on-Provision-of-Digital-Advisory-Services--CMGG02.pdf.

种程度的真人参与。[1] 机械理财顾问应确保准确地描述所提供的服务,[2]披露的数据应易于理解,方法可以是利用弹出式窗口或工具提示框等设计特点,或以其他途径或媒介来呈示数据。[3]

2. 投资组合的重新调整

投资组合的组成可能不时因各种原因(如市场波动)而偏离其拟定目标资产分配。在这些情况下,可能需要重新调整投资组合。在有关投资组合重新调整的信息披露方面,若机械理财顾问利用算法程序自动重新调整默认的标准投资组合,从而在一段时间内维持某个目标资产分配,便应确保已就自动重新调整制订有效的做法。该等做法应包括(但不限于)以下事项:(1)一开始便清楚知会客户投资组合每隔一段时间便会自动重新调整(若适用)以维持目标资产分配,以及(若适用)可能会因上述重新调整而产生的额外成本。(2)向客户披露投资组合重新调整机制如何运作,包括:假如机械理财顾问就某资产类别或某特定种类的证券采用差异化门槛,便应披露有关门槛为何及有关门槛会否按资产类别或特定种类的证券而有所不同(如会,有何不同);假如投资组合会按时间表重新调整,便应披露有关的频密程度;任何与自动重新调整相关的风险(如重新调整无论在何种市况下都可能出现)。(3)制订及维持各项政策与程序,以说明有关算法程序会怎样处理任何重大市场事件。(4)若对现有的算法程序作出可重大影响客户投资组合的更改,便应清晰地实时将有关更改知会相关客户。[4]

若机械理财顾问让其客户可弹性选择不自动重新调整投资组合,便应告知客户选择不进行自动重新调整的潜在风险及后果。机械理财顾问应给予客户适当的警告,例如,警告客户其根据机械理财顾问的建议而可能

---

〔1〕 参见中国香港特别行政区《网上分销及投资咨询平台指引》第4.2条。

〔2〕 参见中国香港特别行政区《网上分销及投资咨询平台指引》第4.3条。

〔3〕 参见中国香港特别行政区《网上分销及投资咨询平台指引》第4.4条。

〔4〕 参见中国香港特别行政区《网上分销及投资咨询平台指引》第4.13条。

投资或已作投资的原有投资组合,可能因选择不进行自动重新调整而变得不再适合该客户,以及一经选择不进行自动重新调整,该客户便需改用不同的服务。[1] 在客户就选择不进行自动重新调整作出确认前,机械理财顾问应确保该客户已承认及确认其同意更改网上平台日后所提供的服务的范围及条款。尽管平台营运者与该客户之间可能会因此不再存在顾问关系,但平台营运者仍应遵守所有其他适用规定,包括须确保复杂产品交易在所有情况下都适合客户的规定。[2]

第三节　智能投顾的算法规制

一、智能投顾的算法风险

算法是指“一种详细、精确、明确、机械可执行的基本指令序列,通常用于实现特定的目的”,[3] 是“对指引投资建议过程的公式或规则的叙述”。[4] 算法的形成基于两方面:一方面是对于市场数据的分析(数据驱动的学习),另一方面来自人类的知识。后者其实是对人类投资顾问行为的模拟,即人类投资顾问的先验常识、隐性直觉和逻辑推理等要素通过计算机技术转化成程序。人类的专业判断、职业伦理和利益衡量上的瑕疵和偏差可能迁移给机器。[5] 因此,技术虽然是中立的,但是算法并不中

---

[1] 参见中国香港特别行政区《网上分销及投资咨询平台指引》第 4. 14 条。

[2] 参见中国香港特别行政区《网上分销及投资咨询平台指引》第 4. 15 条。

[3] Ihsan Ibrahim Daldaban, *RegTech and SupTech for Robo-Advisers: Alternative Regulatory Methods for Enhancing Compliance*, 19 Asper Review of International Business and Trade Law 59, 70 (2019).

[4] Tom Baker & Benedict Dellaert, *Regulating Robo Advice across the Financial Services Industry*, 103 Iowa Law Review 713, 734 (2018).

[5] 参见高丝敏:《智能投资顾问模式中的主体识别和义务设定》,载《法学研究》2018 年第 5 期。

立。[1] 而智能投顾业务的指数级增长和潜在规模，可能具有重大的系统性影响。如果越来越多的投资者使用相同或类似的自动投资算法来配置资产，那么很大一部分人可能会经历高度相关的损失。这就是所谓的算法同质化问题，这可能导致证券市场中的异常交易和异常波动。[2] 占主导地位的智能投顾公司控制着巨大的市场份额，也可能带来新的网络安全风险。如果黑客导致一家智能投顾公司突然出售大量资产，就可能严重扰乱市场。[3] 智能投顾巨大且仍在不断扩张的市场份额意味着，其运行的系统中的一个小故障可能会导致金融市场不可预见的重大后果。[4]

根据国际证监会组织的金融科技研究报告，智能投顾的算法风险主要体现在以下四个方面：第一，算法错误的风险。与任何算法一样，不恰当的设计或编程本身的错误都可能导致意想不到的结果。如果不能理解嵌入在算法中的逻辑，以及该算法是否符合公司所期望的路径，可能直接导致系统性地将不适当的资产销售给客户，也可能会导致做出投资决策的算法中体现的不是客户的最大利益。第二，算法过于复杂的风险。复杂的算法或许能够产生更适合个人客户具体情况的差异化的金融建议。然而，这些算法也可能会出错。此外，随着建议变得更加多样化和复杂，对投资者来说，产生建议的过程可能会变得更难理解。第三，算法过于简单的风险。如果驱动智能投顾的算法不能捕捉到足够的数据来反映客户的整体和独特的财务状况，那么智能建议可能就是不合适的。一个通用的投资策略，尽管似乎保证了对不同客户的一视同仁，但可能不符合某个特定客户的最

---

〔1〕 参见罗炜玮：《证券智能投顾的概念、准入及算法规制》，载《海南金融》2019 年第 2 期。

〔2〕 参见刘沛佩：《我国证券市场智能投顾发展的监管思考》，载《证券市场导报》2019 年第 1 期。

〔3〕 See Benjamin P. Edwards, *The Rise of Automated Investment Advice: Can Robo-Advisers Rescue the Retail Market*, 93 Chicago-Kent Law Review 97, 108 (2018).

〔4〕 See Ihsan Ibrahim Daldaban, *RegTech and SupTech for Robo-Advisers: Alternative Regulatory Methods for Enhancing Compliance*, 19 Asper Review of International Business and Trade Law 59, 69 (2019).

大利益。例如,在某些情况下,驱动建议的算法可能会被设计为从一组预先确定的选项中考虑有限的投资选择。第四,客户信息静态化的风险。客户独特的财务状况,以及整体宏观经济状况都可能会发生变化,有时变化会非常迅速或剧烈。如果算法没有在适当的时间和频率上收集足够的客户数据,智能建议就有可能无法考虑到并体现这些变化。[1]

二、智能投顾算法的开发与利用

智能投顾背后的技术通常是某种算法,因此,最终提供的建议取决于两个关键,除了客户的个人信息外,另一个是算法的逻辑,它决定了哪些产品或服务应该推荐给客户。智能投顾的算法通常以决策树的形式呈现,在客户对一系列预先设定的问题做出回答后,算法会根据客户对这些问题的具体回答给出建议。[2] 然而,正是由于智能投顾对算法的应用,导致其可能无法解决产品复杂性或财务能力方面的问题,因为其存在一个算法黑箱问题:除了信息输入和建议输出之外,智能投顾可能无法对其他问题做出解释。[3]

这反映出了智能投顾所存在算法风险的一个侧面,但此种问题也并不是智能投顾所独有。有监管人士指出,尽管智能投顾运用了计算机和算法技术,但重要的是不要忽视这样一个事实:在这些智能投顾的平台设计、建模、编程、实现和营销的各个方面背后都有活生生的人类。在大多数情况下,智能投顾和传统的人类投资顾问使用相同的技术工具来提供服务,主要的区别是智能投顾将其工具直接提供给投资者,而不是通过人类的销售

---

〔1〕 See IOSCO, *IOSCO Research Report on Financial Technologies* (*Fintech*) 33 (2017), http://www.iosco.org/library/pubdocs/pdf/IOSCOPD554.pdf.

〔2〕 See ESAs, *Joint Committee Discussion Paper on Automation in Financial Advice* 12 – 13 (2015), http://www.eba.europa.eu/documents/10180/1299866/JC+2015+080+Discussion+Paper+on+automation+in+financial+advice.pdf.

〔3〕 See Nicole G. Iannarone, *Rethinking Automated Investment Adviser Disclosure*, 50 University of Toledo Law Review 433, 435 (2019).

人员。因此,没必要夸大自动化流程在智能投顾管理中的作用,因为传统投资顾问也依赖算法来处理投资组合再平衡和风险分析等日常功能。自动化互联网投资平台并不是一个新概念,智能投顾更像是一种进化,即市场需要一种更有效的方式,让更多的投资者能够获得投资顾问服务。[1] 因此,对算法的规制最终还是需要把相应的义务和责任落实到人身上。

具体而言,智能投顾的研发者虽然并没有直接给出交易意见,但他们在事前形成或者帮助形成了交易意见,而不仅是传统意义上的提供技术,即金融行为实质上已经前置化,除时间点不同之外,这与面对面的受托咨询并没有本质的差异,其中也会有利益冲突需要平衡。这里需要区分提供交易和决策模型的金融从业者与程序设计者,前者应当认定为受托人,承担信义义务;后者仅是受托人的辅助人,应承担产品设计者的义务,不承担信义义务。智能投顾设计端的金融人员是对未来投资者特征、需求以及市场环境特征的预测,其行为模式由一对一转化成一对多(并且是不确定的多数),由实时反应变为预测。[2] 我国"资管意见"第 23 条第 3 款针对智能投顾的算法程序开发避免同质化,以及算法失灵情况下的人工介入作出了规定,要求金融机构应当根据不同产品投资策略研发对应的人工智能算法或者程序化交易,避免算法同质化加剧投资行为的顺周期性,并针对由此可能引发的市场波动风险制定应对预案。因算法同质化、编程设计错误、对数据利用深度不够等人工智能算法模型缺陷或者系统异常,导致羊群效应、影响金融市场稳定运行的,金融机构应当及时采取人工干预措施,强制调整或者终止人工智能业务。

在智能投顾的运营控制上,"资管意见"第 23 条第 2 款要求金融机构

---

〔1〕 See Andrea L. Seidt, Noula Zaharis & Charles Jarrett, *Paying Attention to That Man behind the Curtain: State Securities Regulators' Early Conversations with Robo-Advisers*, 50 University of Toledo Law Review 501, 503 – 504 (2019).

〔2〕 参见高丝敏:《智能投资顾问模式中的主体识别和义务设定》,载《法学研究》2018 年第 5 期。

“为投资者单独设立智能管理账户，充分提示人工智能算法的固有缺陷和使用风险，明晰交易流程，强化留痕管理，严格监控智能管理账户的交易头寸、风险限额、交易种类、价格权限等。金融机构因违法违规或者管理不当造成投资者损失的，应当依法承担损害赔偿责任”。其中，未涉及对智能投顾公司购买或使用第三方提供的智能工具的规制。在现实中此种情况是存在的，而且会产生智能投顾公司应该对这些算法开发商进行何种类型的初始和持续审查，以及如何承担责任的问题。[1] 在澳大利亚，当智能投顾公司将智能模块外包时，监管机构要求其应当施行适当的措施以确保在选择合适的外包服务供应商时采取适当的技巧和谨慎，且应当监控外包服务提供商的持续表现。在功能模块外包的情况下，智能投顾公司仍然需要对向客户提供的金融服务负责。[2] 而在新加坡，当智能投顾公司选择将智能工具的开发和维护外包给第三方供应商时，应让第三方供应商接受适当的尽职调查程序，以评估与外包安排相关的风险。[3] 可见，当智能投顾公司购买第三方提供的智能工具，或将算法程序开放外包给第三方供应商时，其负有对第三方供应商资质以及算法程序开发的监督责任，同时仍然需要就该算法程序向客户提供的服务承担信义义务和相关责任。

此外，针对智能投顾算法能力本身的评估问题，通常应该考虑的因素主要包括：第一，模型及其所依据的数据的说明；第二，关于用于创建模型的数据的适宜性的证据，包括与客户和产品数据相关的数据问题；第三，算法寻求的输出结果的解释；第四，算法按照设计的方式执行的证据；第五，

---

〔1〕 See IOSCO, *Update to the Report on the IOSCO Automated Advice Tools Survey: Final Report* 20 (2016), http://www.iosco.org/library/pubdocs/pdf/IOSCOPD552.pdf.

〔2〕 See ASIC, *Regulatory Guide* 255: *Providing Digital Financial Product Advice to Retail Clients* 20 (2016), http://download.asic.gov.au/media/3994496/rg255-published-30-august-2016.pdf.

〔3〕 See MAS, *Guidelines on Provision of Digital Advisory Services* 7 (2018), https://www.mas.gov.sg/-/media/MAS/Regulations-and-Financial-Stability/Regulations-Guidance-and-Licensing/Securities-Futures-and-Fund-Management/Guidelines-on-Provision-of-Digital-Advisory-Services--CMGG02.pdf.

智能投顾的创建者如何衡量算法是否成功,以及他们如何做出回应的证据;第六,对智能投顾的设计者考虑和拒绝的其他替代方案的解释;第七,拥有更具体领域知识的人可以提出的其他证据和解释。[1]

三、智能投顾算法的报备与披露

我国"资管意见"第23条第2款要求"金融机构应当向金融监督管理部门报备人工智能模型的主要参数以及资产配置的主要逻辑"。但仅仅向监管部门报备实际上是不够的。除了对算法程序本身开发和监督的要求以外,披露规则也同样适用于智能投顾的算法规制,智能投顾的忠实义务主要是通过对算法中利益冲突的披露来实现的。[2] 智能投顾应当在披露文件中,明确描述编程到算法中的利益冲突做法,以及可能影响算法设计的利益冲突,而目前大多数智能投顾信息披露的语言没有明确区分这一点。一些智能投顾公司的宣传册说明其存在与客户利益相互冲突的激励,但并没有故意编程在算法中。也就是说,他们承认存在"利益冲突",同时声明智能投顾会严格遵守其投资方法,但这为"利益冲突"的影响留下了模糊空间。还有一些宣传册的披露则是模棱两可的,例如,贝莱德(BlackRock)旗下的智能投顾"未来投顾"(FutureAdvisor)披露:"投资……于关联产品中可能意味着贝莱德可以直接或间接从关联产品中获得咨询费和其他报酬。"问题是,这些说法并未明确说明,智能投顾的利益冲突是如何影响投资决策和客户回报的。监管机构可以通过要求智能投顾陈述利益冲突是否被故意编入投资配置算法来纠正这一问题。如果智能投顾客户与传统投资顾问客户有什么不同,那就是他们作为不那么老练的投资者,需要更清晰地理解所披露的信息。而如果客户不能从现有的信息中确

---

〔1〕 See Tom Baker & Benedict Dellaert, *Regulating Robo Advice across the Financial Services Industry*, 103 Iowa Law Review 713, 734 – 735 (2018).

〔2〕 参见郑佳宁:《论智能投顾运营者的民事责任——以信义义务为中心的展开》,载《法学杂志》2018年第10期。

定冲突是否一定会或仅仅可能会影响建议,他们就无法在知情的基础上做出明智的决定。[1]

智能投顾的再平衡功能主要依靠算法来实现。根据再平衡的阈值限制和进行再平衡审查的频率,智能投顾工具可以执行大量的再平衡交易。以下问题可能有助于评估可能出现的再平衡问题:工具是否允许自动再平衡;工具对投资组合进行再平衡的触发因素是什么;再平衡多久发生一次;再平衡是否包括加入或移除特定证券的可能性,从而需要再一次进行对特定客户的适当性分析;这种再平衡是否会导致佣金过高,或导致不利的税收待遇。[2] 此外,智能投顾公司存在操纵算法以使他们自己的账户获利,使自己能够获得报酬,或不当地限制投资者可得选项的潜在可能,监管机构需要对智能投顾的此种可能做法进行监测。有学者甚至建议直接将伦理和道德法则输入人工智能算法中,这样人工智能就会被一系列法律和规则所约束了。[3]

四、落实智能投顾算法规制的经验

针对智能投顾的算法规制问题,不同国家和地区存在以下可供参考的经验。

(一)美国

美国金融业监管局指出,算法是智能投顾的核心组成部分,其使用各种金融模型和假设,在智能投顾运作流程上的每个环节将输入的数据转化为建议。算法将输入转化为输出的逻辑,反映了一家公司在处理特定任务

---

〔1〕 See Megan Ji, *Are Robots Good Fiduciaries? Regulating Robo-Advisors under the Investment Advisers Act of* 1940, 117 Columbia Law Review 1543, 1580 – 1581 (2017).

〔2〕 See FINRA, *Report on Digital Investment Advice* 11 (2016), http://www.finra.org/sites/default/files/digital-investment-advice-report.pdf.

〔3〕 See Andrea L. Seidt, Noula Zaharis & Charles Jarrett, *Paying Attention to That Man behind the Curtain: State Securities Regulators' Early Conversations with Robo-Advisers*, 50 University of Toledo Law Review 501, 513 – 514 (2019).

上的方法,如投资者画像、资产配置、账户再平衡等。如果算法设计得很差或者代码不正确,它可能产生系统性地偏离预期的输出结果,从而对许多投资者产生不利影响。因此,公司必须有效地管理和监督他们在智能投顾中使用的算法。在最基本的层面上,公司应该评估算法是否与公司的投资和分析方法相一致。例如,许多智能投顾基于现代投资组合理论,并使用基于客户风险容忍度的被动、指数跟踪方法进行投资,而另一些则结合了投资组合的主动管理。基于这些方法开发的算法的输出结果和投资建议会有所不同,因为即使智能投顾在投资方面采取了类似的方法,但针对具体投资任务的实施方法也可能会产生截然不同的结果。[1]

1. 合规控制

美国证券交易委员会要求,每个注册投资顾问必须建立一个内部合规程序,以解决投资顾问在该法律下履行其信义义务和实质性义务的问题。为了遵守该规则,注册投资顾问必须采用、实施和每年审查书面政策和程序,这些政策和程序的合理设计是为了防止违反投资顾问法及其规定,并且要考虑到公司的经营性质和由此产生的风险。注册投资顾问还必须指定一位称职且足够了解投资顾问法的首席合规官,负责执行所采用的书面政策和程序。[2] 在制订合规计划时,智能投顾应该注意其商业模式的独特之处。例如,智能投顾依赖于算法、有限的(如果有)与客户的人工互动,以及通过互联网提供咨询服务,这些可能会给智能投顾带来或加剧风险,这些风险应通过书面政策和程序来解决。因此,除采用和实施解决传统投资顾问相关问题的书面政策和程序外,智能投顾还应考虑是否采用和实施解决以下领域的书面政策和程序:(1)算法代码的开发、测试、回测及其执行后的性能监控。例如,确保代码在集成到智能投顾平台之前得到充分测

〔1〕 See FINRA, *Report on Digital Investment Advice* 3 (2016), http://www.finra.org/sites/default/files/digital-investment-advice-report.pdf.

〔2〕 See Compliance Programs of Investment Companies and Investment Advisers, Advisers Act Release No. 2204 (Dec. 17, 2003).

试,并在集成之后定期进行测试;对代码的任何修改不会对客户账户造成不利影响。(2)问卷能获得足够的信息,使智能投顾能够根据客户的财务状况和投资目标得出结论,认为其最初的建议和持续的投资建议是适合该客户的。(3)向客户披露可能对其投资组合造成重大影响的算法代码变更。(4)对开发、拥有或管理智能投顾使用的算法代码或软件模块的任何第三方进行适当监督。(5)对网络安全威胁的预防、检测和应对。(6)对社交和其他形式的电子媒体来推销顾问服务的使用。(7)对客户账户和关键咨询系统的保护。[1]

2. 算法的治理和监督框架

美国金融业监管局指出,智能投顾公司对其算法的治理和监督框架主要是:在初始审查方面,评估工具使用的方法(包括任何相关的假设)是否适合于这项任务;理解客户输入的将会被使用的数据;对输出结果进行测试,以评估它是否符合公司的期望。在持续审查方面,评估随着市场和其他条件的发展,算法工具使用的模型是否仍然合适;定期测试算法工具的输出,以确保其能够按照预期执行;将监督工具的责任明确落实到个人。[2]

除上面讨论的对智能投顾算法的规制框架之外,智能投顾公司在实践中还应该解决的其他问题包括:这些算法是否由独立的第三方测试?公司能否向监管机构解释算法工具是如何工作的,以及它是如何符合监管要求的?是否有异常报告来识别算法工具输出结果偏离预期的情况?如果有,触发这种报告的参数是什么?此外,就面向金融专业人士的投资工具而言,以下问题也是应当考虑的:在金融专业人士可能使用工具之前,公司需要进行哪些培训或测试?对于不同场景和假设的测试,金融专业人士有什么样的自由裁量权?公司是否审查与工具输出结果不一致的金融专业人

---

〔1〕 See SEC, *Guidance Update*: *Robo-Advisers* 7 – 8 (2017), https://www.sec.gov/files/2017-03/im-guidance-2017-02.pdf.

〔2〕 See FINRA, *Report on Digital Investment Advice* 5 (2016), http://www.finra.org/sites/default/files/digital-investment-advice-report.pdf.

士的建议?[1]

3. 投资政策委员会

在美国,许多智能投顾公司会建立某种形式的投资政策委员会来负责对算法的控制和治理。其职责包括监督算法的开发和实施,参与对第三方算法工具的尽职调查,以及评估公司投资组合分析工具中使用的脚本等。[2]

4. 对投资组合的治理和监督机制

在美国,智能投顾公司为其可能提出的投资组合,也应特别建立治理和监督机制,主要包括以下方面:(1)对投资者特质的判断,包括针对特定投资者画像的投资组合的回报、投资分散化、信贷风险和流动性风险等;(2)建立将证券纳入公司投资组合的标准,如费用、指数跟踪误差、流动性风险和信用风险等;(3)选择适合每个投资组合的证券,如果这是由算法完成的,则对算法的开发和执行进行监督;(4)对预先打包的投资组合进行监测,以评估其表现和风险特征,例如波动率,是否适合所提供给的投资者类型;(5)识别和减少在投资组合中包含特定证券可能导致的利益冲突。此外,此种审查机制应该包含独立于业务的员工,他们可以就整体证券投资策略和个别证券的选择提供建议。[3]

(二)澳大利亚

澳大利亚证券与投资委员会认为,因为数字化咨询是通过技术手段提供的,作为从事智能投顾业务的公司,首先,必须保证其在从事相关业务的时候,拥有了解用于提供数字化咨询的技术和算法,以及能够复核由算法

---

〔1〕 See FINRA, *Report on Digital Investment Advice* 5 (2016), http://www.finra.org/sites/default/files/digital-investment-advice-report.pdf.

〔2〕 See FINRA, *Report on Digital Investment Advice* 6 (2016), http://www.finra.org/sites/default/files/digital-investment-advice-report.pdf.

〔3〕 See FINRA, *Report on Digital Investment Advice* 7 (2016), http://www.finra.org/sites/default/files/digital-investment-advice-report.pdf.

生成的数字化建议的人力资源。相关技术人员应当能够理解支撑数字化咨询业务的算法背后的基本原理、风险以及规则。如果没有至少一个具备相关技能和经验的人来理解支撑数字化咨询的技术和算法,那么公司的业务系统有可能会出现问题,导致客户也可能会得到质量不高的建议。其次,智能投顾公司还应定期审查算法生成的数字化建议,以确保其合法合规。因此,其必须至少有一个具备适当技能和经验的人来彻底审查所提供的数字建议的质量。当然,企业的规模和复杂性会影响其所需人力资源的程度。此外,智能投顾公司还应该有足够的技术资源以维护客户记录和数据的完整性,保护机密信息和其他信息,满足当前和预期未来的业务及系统能力需要,以及遵守法律规定的所有义务。对于任何支持向客户提供数字化咨询的系统,还应该有足够的业务持续性、备份和灾难恢复计划。[1]

作为风险管理系统的一部分,智能投顾公司应该定期监控和测试用于支持咨询业务的算法,其安排取决于相关业务的性质、规模和复杂性。对算法的监控和测试要求主要包括以下方面:(1)拥有适当的系统设计文档,清楚地阐明算法的目的、范围和设计,相关决策树(decision tree)[2]或决策规则应构成本文档的一部分。(2)有一个文档化的测试策略来解释算法测试的范围,这应该包括测试计划、测试用例、测试结果、相关缺陷解决方法,以及最终的测试结果。在将数字化咨询服务提供给客户之前,应当对算法进行强有力的测试,在提供给客户后,仍应定期进行。(3)拥有适当的流程来管理对算法的任何更改,这包括对监控和防止未经授权的对算法访问的安全安排。(4)能够控制、监控并保存记录,以显示过去七年算法的任何变化,一种推荐的方法是用电子方式存储算法的不同版本。(5)每当有可能影响其货币的因素(如市场变化和法律变化)出现时,审查和更新算法。

---

〔1〕 See ASIC, *Regulatory Guide* 255: *Providing Digital Financial Product Advice to Retail Clients* 18 – 19 (2016), http://download.asic.gov.au/media/3994496/rg255 – published – 30 – august – 2016.pdf.

〔2〕 "决策树"即使用树状图或模型来呈现决策及其可能的结果。

(6)有适当的控制和流程,在检测到算法中的错误并且该错误可能导致客户损失或违反法律时,暂停提供建议。(7)具备足够的资源,包括人力和技术资源,通过充分和及时地审查所提供的建议,来监测和监督算法的表现。(8)有一个适当的内部落实规程,以确保以上要求被遵循。[1]

在智能投顾服务流程的各个环节,都有可能因为算法的缺陷或错误等原因造成客户的损失,在建立相应的赔偿机制和安排时,应当考虑以下因素:(1)客户数量的可能增长——可以通过查看每月的增长数据来做到这一点;(2)若算法有缺陷(如基本假设不正确或算法未更新以反映立法的变化),则可能造成广泛损失;(3)专业赔偿保险政策中任何索赔合并条款的影响,可能意味着不同客户由于一个有缺陷的算法而产生的损失可能被保险公司作为单一索赔处理;(4)任何较低的次级限额(sub-limits)对外部争议解决(external dispute resolution)计划的申索金额的影响;(5)在适当的情况下,数字化咨询的专业赔偿保险安排是否排除全权委托账户管理服务。[2]

(三)新加坡

新加坡金融管理局认为,面向客户的工具主要是由算法驱动的,算法中的错误或偏差可能会对大量或所有依赖算法生成建议的数字化顾问的客户产生不利影响。考虑到这些额外的风险,数字化顾问必须制定如下适当的治理和监督安排,以有效地减轻这些风险。[3]

---

〔1〕 See ASIC, *Regulatory Guide* 255: *Providing Digital Financial Product Advice to Retail Clients* 21 (2016), http://download.asic.gov.au/media/3994496/rg255-published-30-august-2016.pdf.

〔2〕 See ASIC, *Regulatory Guide* 255: *Providing Digital Financial Product Advice to Retail Clients* 23 (2016), http://download.asic.gov.au/media/3994496/rg255-published-30-august-2016.pdf.

〔3〕 See MAS, *Guidelines on Provision of Digital Advisory Services* 11-13 (2018), https://www.mas.gov.sg/-/media/MAS/Regulations-and-Financial-Stability/Regulations-Guidance-and-Licensing/Securities-Futures-and-Fund-Management/Guidelines-on-Provision-of-Digital-Advisory-Services--CMGG02.pdf.

第一,数字化顾问的董事会和高级管理层有责任对面向客户的工具进行有效的监督和治理。考虑到错误或偏见的算法对大量客户产生的潜在损害,无论是由于疏忽还是糟糕的设计,董事会和高级管理层都应该确保有足够的资源来监督和管理算法的表现。数字化顾问应该配备足够的人员,这些人员有能力和专业知识来开发和审查算法的逻辑。数据化顾问公司还应向所有使用面向客户的工具的工作人员提供充分的培训。

第二,董事会和高级管理层还应建立制度和程序,以确保其公司拥有健全的风险管理文化和环境,并遵守相关的规章制度。这些包括:(1)审核面向客户的工具的设计和逻辑发展,并确保对其适当维护;(2)审核适用于面向客户的工具的系统和流程的政策和程序;(3)对面向客户的工具的管理保持监督,如指定适当的人员来审核算法的更改,并有安全安排来识别和防止对算法未经授权的访问;(4)确保技术风险管理通知和指导方针中规定的要求得到遵守;(5)保存有关算法设计和开发的文档。

第三,虽然董事会和高级管理人员可能会将日常的操作监督和面向客户的工具的治理委托给其他人员,但他们仍然对面向客户的工具的适当开发、监控和测试负有最终责任。

第四,在开发面向客户的工具时,数字化顾问应该:(1)确保面向客户的工具背后的算法方法足够稳健。(2)确保工具收集了所有必要的信息,并充分分析这些信息以提出适当的建议,包括有适当的机制来识别和解决客户的矛盾或不一致的回答。(3)有适当的控制机制来识别和排除不适合投资的客户。(4)在工具启动之前和当工具发生变化时,执行充分的测试,以检测算法中的任何错误或偏差,并一致和可靠地实现以下关键结果:一是算法基于客户提供的输入信息,根据其风险概况,正确地对客户进行分类。尤其是数字化顾问公司会使用假设的输入信息进行回测,以确保算法生成的风险概况符合其风险分析方法。测试应该确保算法正确且一致地为客户评分并区分风险类型。二是算法根据数字化顾问的风险分析方法产生预期的资产配置和投资建议。

第五，数字化顾问还应制定政策、程序和控制措施，定期监控和测试其算法，以确保它们的表现符合预期。数字化顾问应该至少要有以下程序：(1)在必要时管理算法更改的访问控制；(2)检测算法中任何错误或偏差的内控；(3)如果检测到算法中的错误或偏差，则暂停提供建议的内控；(4)对面向客户的工具提供建议的质量的合规检查。此类检查应定期和在算法发生变化时进行。这应包括交易后的样本测试，并应由独立和有资格的人类顾问审查，以确保符合《金融顾问法》的要求。这种审查的频率应与数字化顾问业务的规模和复杂性相称。

(四)中国香港特别行政区

1. 核心原则

(1)适当设计。平台营运者应确保网上平台的设计是适当的，及在符合所有适用的法例及规例的情况下营运。这项原则包括(但不限于)平台营运者须确保：①网上平台设有适当的取览权及控制措施，使公众(包括零售客户)无法在会构成违反《公司(清盘及杂项条文)条例》或《证券及期货条例》第Ⅳ部的情况下，投资于投资产品或观看与投资产品有关的材料。②以适当的技能、小心审慎和勤勉尽责的态度营运网上平台，举例而言：平台营运者在拣选在其网上平台上提供的投资产品及在其网上平台登载任何数据及材料时，应以适当的技能、小心审慎和勤勉尽责的态度行事；及平台营运者在其网上平台向客户提供投资意见或建议时，其网上平台的设计应确保所提供的投资意见或建议都是经过透彻分析和考虑过其他可行途径后才作出的。③适当地管理及尽量减少任何利益冲突，以确保客户得到公平的对待。举例而言，平台营运者在其网上平台向客户提供投资意见时，其网上平台的设计不应让佣金报酬或其他利益成为向客户招揽或推介某一投资产品的主要依据。④以适当的技能、小心审慎和勤勉尽责的态度确保就投资产品及/或客户适当地设计一套风险状况评估方法(如适用)。⑤支持网上平台营运的所有系统及程序均属稳健并获妥善维护，以尽量减少及适当地管理欺诈风险、错误及遗漏、服务中断或其他运作或监控缺失。[1]

(2)为客户提供资料。平台营运者应在其网上平台清楚及充分披露有关的重要资料,包括(但不限于)平台营运者须:①向客户提供可取览最新的产品要约文件或数据的途径。②在合理的、切实可行的范围内尽快向客户提供重要数据,使客户能够评估其投资的状况(例如,在发生基金暂停赎回的情况时,任何有关基金合并或终止建议,或发行人提供的任何其他重要数据)。就此,平台营运者应设立适当的安排及采取足够的措施,以便能够取览及获悉有关其网上平台所提供的所有非交易所买卖投资产品的最新数据。③以易于理解的方式传达任何数据。平台营运者应以浅白语言来作出披露及呈示数据,以令其易于阅读及理解。④在网上平台提供用以评估及编配投资产品的评级和将客户分类的方法的数据(如有);有关数据亦应辅以投资产品和客户的风险状况的解释。⑤若在网上平台登载经挑选的投资产品列表,便应列明或以其他方式提供在挑选该等投资产品时所参照的客观准则。⑥告知客户透过及在网上平台提供的服务及投资产品的范围及限制(如只提供由关联公司发行的投资产品)。⑦依据适用的守则、指引、通函及常见问题,向客户披露客户或其他人(如产品发行人)须向平台营运者支付的任何酬金(如佣金、经纪费及任何其他费用和收费)以及平台营运者已收取或应收取的其他金钱收益。⑧向客户提供平台营运者的联络资料,以便处理客户查询及投诉。[2]

(3)风险管理。平台营运者应确保其网上平台的可靠性及安全性(包括数据保护及网络保安)。这项原则包括(但不限于):①平台营运者应确保其网上平台及对网上平台的所有改动在应用前均经过测试,并定期进行检视,以确保网上平台及其改动的可靠性。②平台营运者应从速向证监会

---

[1] 参见中国香港特别行政区《网上分销及投资咨询平台指引》第2.2条。

[2] 参见中国香港特别行政区《网上分销及投资咨询平台指引》第2.3条。

汇报与其网上平台有关的任何重大的服务中断或其他重要问题。③平台营运者应审慎地识别及管理相关风险(包括任何预期之外的后果),并设有适当的应变安排。有关安排应包括一份书面应变计划,以处理与网上平台有关的紧急情况及干扰事故。应变计划应至少包括:设有适当的后备设施或其他在紧急情况下执行交易指示的安排;设立安排以确保业务记录、客户及交易数据库、服务器及证明文件均在脱机媒介设有备份。在办公室以外地方的储存一般须设有妥善的保安措施;制订计划,以便由经过培训的员工处理客户及监管当局的查询。④平台营运者应定期测试用以处理潜在紧急情况及干扰事故的应变计划,以及确保有关计划是可行及足够的。⑤如网上平台出现重大延误或故障,平台营运者应及时:确保有关重大延误或故障得以纠正;通知客户重大延误或故障的原因或潜在原因,及将会如何处理客户的交易指示。⑥平台营运者亦应参阅证监会不时就网络保安发出的指引。[1]

(4)管治、能力及资源。平台营运者应确保设有稳健的管治安排,以监察其网上平台的营运,并应备有充足的人力、技术及财政资源,以确保其网上平台的业务妥善地营运。平台营运者应就其网上平台的营运订立并实施书面内部政策及程序,以确保:①至少有一名负责人员或主管人员负责网上平台的整体管理及监督;②在交易、信息科技、风险及合规部门共同参与下制订正式的管治程序;③设有清楚界定的汇报架构,将监督和汇报职责指派予合适的职员执行;④订有管理监控措施及监督管制措施,用以管理与使用网上平台相关的风险。平台营运者应进行定期检视,以确保这些内部政策及程序能配合监管发展,并从速对任何已识别的不足之处作出纠正。平台营运者在营运其网上平台时,应确保备有充分的技术资源,以保障数据的稳健性(包括机密的客户数据)及满足当前和预测的营运需求

〔1〕 参见中国香港特别行政区《网上分销及投资咨询平台指引》第2.4条。

(如就系统容量而言)等。[1]

(5)审查及监察。平台营运者应对在网上平台进行的所有活动进行适当审查,作为其持续监管及监察责任的一部分。这项原则包括(但不限于)定期审查及在适当时(如若发生重大市场事件)进行特别审查。定期审查应至少每年进行一次。有关定期审查应涵盖在网上平台进行且与网上平台的设计及营运有关的所有活动,包括任何客户状况评估、投资产品拣选和风险状况评估,及适当性评估的程序和结果,以及由所运用的算法程序得出的任何建议或意见(包括任何推介的标准投资组合)及曾经作出的任何重新调整的合理性;定期审查应包括由具备合适资格的人士进行的抽样查核及测试。同时,应设有政策及程序以跟进任何审查结果及实施任何必要的改善措施。若任何职能被外派予外界的服务供货商,平台营运者应以适当的技能、小心审慎和勤勉尽责的态度拣选、委任及持续监督该等外判的服务供货商,以确保被外派的职能获妥善执行。[2]

(6)备存记录。平台营运者应就其网上平台备存妥善记录。这项原则包括(但不限于)有关平台设计、营运程序及风险管理监控措施(包括有关其网上平台的任何测试、检视、改动、升级或纠正)的全面文件记录,及适用软件版本(包括程序及任何算法)的记录。有关文件应在网上平台终止营运后,予以保留不少于两年。平台营运者亦应备存有关在网上平台进行的活动和交易的妥善审计线索(包括任何客户状况评估、投资产品拣选和风险状况评估及适当性评估的程序和结果、所提供的产品数据、所披露的警告声明、所提供的意见和曾作出的任何重新调整),以及有关网上平台的所有重大延误或故障的事故报告。审计线索和记录应保留不少于 2 年,或《操守准则》或证监会不时发出的有关指引所规定的较长时间。此外,就交易所买卖投资产品而言,有关所有适当性评估的审计线索及记录(包括显

---

〔1〕 参见中国香港特别行政区《网上分销及投资咨询平台指引》第 2.5 条。

〔2〕 参见中国香港特别行政区《网上分销及投资咨询平台指引》第 2.6 条。

示交易属适合的审计线索及记录）应保留至少2年，而就非交易所买卖投资产品而言，则应保留至少7年。[1]

2. 系统设计与开发

算法程序是机械理财顾问所采用的智能理财建议工具的核心组成部分，故机械理财顾问必须对智能理财建议工具所使用的算法程序的设计、开发、应用及运作，进行有效的管理及充分的监督。具体而言，机械理财顾问应：（1）确保所用的算法程序的设计及运作符合相关的操守规定；（2）确保算法程序考虑到透过认识你的客户程序取得的所有关于每名客户的相关资料，并使用客观的准则得出客户个人情况与合适的投资产品相配的投资建议及/或意见，并且以不偏不倚的方式运作，这包括确保所用的算法程序不应被设定为会引导客户选择机械理财顾问或其联系人可收取较高佣金或其他形式酬金的某个别投资产品；（3）就算法程序的设计与开发（包括任何修改）保存适当的文件记录，该等文件记录应载列有关设计、开发及修改的理据，以及算法程序预期达致的效果、目标及其范围。[2]

3. 监督与测试算法程式

算法程序是机械理财顾问所提供的任何投资意见的依据，机械理财顾问应对算法程序的运作及测试作出监督。机械理财顾问应：（1）制订书面计划，详述对算法程序进行测试的范围及策略（包括测试计划的设计与落实、挑选测试个案、测试结果的处理及缺陷纠正程序）。（2）制订保安措施，以防止及侦测在未经授权下使用算法程序的情况。（3）在应用及其后作出任何开发及/或修改前，对算法程序进行测试以评估有关方法（包括任何所作假设）是否合适，所输入的数据是否能够涵盖预期出现的各种情况，及结果是否符合机械理财顾问的预期。（4）制订健全的政策与程序，以监察和测试算法程序以及提供给客户意见的合理性（如所提供的机械理财建议应

---

〔1〕参见中国香港特别行政区《网上分销及投资咨询平台指引》第2.7条。

〔2〕参见中国香港特别行政区《网上分销及投资咨询平台指引》第4.8条。

定期及以随机抽样的方式,由具备合适资格的人士测试/检讨,以确保所有适用的规定均获遵守)。(5)有适当的政策与程序,让具备合适资格的人士管理、监督、检讨及在适合情况下修改算法程序(如在出现市场或监管变动时)。(6)以适当的技能、小心审慎和勤勉尽责的态度拣选及监督任何外判服务供货商,包括对开发、管理或拥有所用算法程序的任何第三方进行拣选及监督。(7)定期检讨意见。机械理财顾问对算法程序作出修改时,应安排具备合适资格的人士进行验证及其他适当测试,以确保所提供的意见的合理性。(8)在侦测到算法程序出现错误时实时采取措施纠正问题,以及制定监控措施在有需要时暂停提供意见或服务。[1]

4. 人员、技术等方面的充足资源要求

机械理财顾问应确保有足够的且对技术、运作及算法程序(包括算法程序背后的理据、风险及规则)有充足专业知识和了解,以及会紧密参与算法程序的设计、开发与应用及持续监督算法程序的运作的员工;[2]应向所有使用其机械理财工具的员工,提供足够的培训或测试;[3]应确保有充足的技术资源及最新的基础设施,以支持网上平台的妥善运作(包括因对所用算法程序作出修改而引起的任何系统要求)。[4]

5. 其他操守规定

平台营运者应遵守的其他操守规定包括但不限于以下各项:(1)平台营运者应就其网上平台所提供的客户状况评估工具(如有)设立适当的管治及监督机制,并应识别为准确评估客户状况所需资料的主要元素。(2)如客户在其状况评估工具中所提供的个人资料(如投资目标及风险取向等)有任何更新或变动时,网上平台应容许客户可随时更新该数据。(3)若平台营运者通过网上平台所提供的任何客户状况评估工具或通过认

---

[1] 参见中国香港特别行政区《网上分销及投资咨询平台指引》第4.9条。

[2] 参见中国香港特别行政区《网上分销及投资咨询平台指引》第4.10条。

[3] 参见中国香港特别行政区《网上分销及投资咨询平台指引》第4.11条。

[4] 参见中国香港特别行政区《网上分销及投资咨询平台指引》第4.12条。

识你的客户程序取得的客户数据不足，便应制订适当的机制，以判断应否容许该客户就某投资产品发出交易指示。(4)若客户在任何网上客户状况评估工具内提供不一致的答案时，平台营运者应设有适当的机制，以识别不一致的情况并寻求作出纠正（如给予该客户更改已输入数据的机会）。假如不一致的情况未能加以纠正，将该客户剔除在网上平台之外可能是适当的做法。(5)网上平台应制订适当的系统，以确保客户的交易指示是按照其指示及所能取得的最佳条件尽快地执行（如适用）。网上平台亦应设有适当的机制，以尽快及公平地将任何代表客户执行的交易分配入相关的客户账户内。[1]

五、基于深度学习的智能投顾的特殊问题

术语“深度学习”（deep learning）本身指的是“深度卷积神经网络”（deep convolutional neural networks），其革命性特征是能够不断地从数据中学习，也就是说，这些网络可以分析大量的信息，并把看似不相关的事件联系起来。给出的数据越多，其预测能力就越强。这与“老式”人工智能不同，在“老式”人工智能中，算法最初会随着更多数据而改进，但在某一点上，向系统输入更多数据并不能提高性能。深度学习具有消化大量数据并根据历史趋势做出预测的能力，这使得它非常适合分析金融市场和做出预测的任务。目前，已经有一些金融服务公司向投资顾问提供这种技术，还有更多的公司正在开发类似的服务。[2]

目前的智能投顾程序大多是基于决策树（decision trees）或决策规则（decision rules）的，也就是前面所称的“老式”人工智能。这种算法是可以接受审查的，因此监管机构可以根据一定的方法和规则对这些规则的合理

---

〔1〕 参见中国香港特别行政区《网上分销及投资咨询平台指引》第5.9条。

〔2〕 See Hui Chia, *In Machines We Trust: Are Robo-Advisers More Trustworthy than Human Financial Advisers?*, 1 Law, Technology and Humans 129, 131 (2019).

性进行评估。[1] 然而,未来如果将深度学习引入到智能投顾中,则现有的监管方法和规则很可能不再适用,因为基于深度学习的人工智能的推理过程,并不一定以人类已知的知识或规则为基础,且无法被解释和说明。基于深度学习的投资顾问可能会发现比人类现有知识中包含的任何投资策略都更好的投资策略。这使监管这样一个智能投顾尤其具有挑战性,因为人类投资顾问可能无法评估其人工智能对手的建议,除非是事后诸葛亮。即使这个建议与传统智慧相悖,单凭这一点也不能最终判定该建议质量低劣,因为将深度学习应用于金融建议的目的之一就是发现人类尚不知道的更优秀的投资方法。[2]

如果一项技术如果完全处于"黑箱"状态,则人们是很难对其予以信任或信赖的。但是,目前也无法让基于深度学习的人工智能自己承担责任。判断某个人工智能具有独立的主体地位要求其具有独立的意识,符合伦理考量,且能够独立拥有财产。因此,赋予智能投顾独立法律人格在现阶段缺乏法理基础。[3] 有学者提出,规制基于深度学习的智能投顾的核心在于对其"个性特征"(Personality Profiles)的披露。开发商应披露深度学习智能投顾的以下三个"个性特征",使没有技术专长的人能够理解金融投资环境下其代理行为的重要方面:(1)贪婪与谨慎,这一特征衡量了代理人对短期收益和长期收益的偏好程度。(2)风险偏好,这一特征衡量了代理人愿意承担的损失风险与预期收益之间的比例。(3)道德行为,这一特征表明法律法规是否被纳入了代理人的奖励和惩罚体系,如果没有,那么监管机

---

〔1〕 See Hui Chia, *In Machines We Trust: Are Robo-Advisers More Trustworthy than Human Financial Advisers?*, 1 Law, Technology and Humans 129, 132 (2019).

〔2〕 See Hui Chia, *In Machines We Trust: Are Robo-Advisers More Trustworthy than Human Financial Advisers?*, 1 Law, Technology and Humans 129, 132 - 133 (2019).

〔3〕 参见高丝敏:《智能投资顾问模式中的主体识别和义务设定》,载《法学研究》2018 年第 5 期。

构将被提醒,代理人提供的建议可能是非法或不道德的。[1] 风险更高的人工智能开发者应该用一种简单的语言,描述深度学习智能投顾的这三种基本人格特征。这些信息应在深度学习智能投顾的服务向公众提供之前披露,如果开发者对智能投顾的系统进行更改,则应披露更新的描述。金融监管机构可以对深度学习智能投顾的表现进行独立审查,以评估其"个性特征"是否符合开发商披露的描述。披露深度学习智能投顾的"个性特征"的目的是让一个没有任何人工智能技术专业知识的人能够理解其可能的行为的意义,这能够让投资者就哪个深度学习智能投顾更加适合他们做出明智的选择。这还能帮助监管机构识别对公众构成更高风险的深度学习智能投顾,使监管机构能够以有针对性的方式使用其监管资源。

深度学习也有可能对智能投顾的责任承担规则造成一定影响。在现有的法律框架下,机器人并不具有民事主体资格,一般被视作工具,是人能力的延伸物,任何行为和决策都可以穿透到对其具有实际控制的人类。以智能投顾为例,提供投资建议的机器人不具备民事责任能力,如果出现算法失灵引发赔偿纠纷,最后的法律追究将落在机器人所属机构和开发者身上。然而,算法自身的深度学习功能使其拥有非常大的自主性。有学者认为,随着智能机器人算法自我更新和自主学习能力的强化,未来人类甚至机器人设计者都很难解释机器人的行为。高度人工智能在各种情境下的行为可能不是其开发者、所有者可以预见或能事先控制的,对其施加严厉的产品责任,会抑制金融科技的创新。[2] 此外,也有学者主张可以赋予深度学习的智能投顾以准人格,以替代责任取代严格责任,并辅之以强制保

---

〔1〕 See Hui Chia, *In Machines We Trust: Are Robo-Advisers More Trustworthy than Human Financial Advisers?*, 1 Law, Technology and Humans 129, 138 (2019).

〔2〕 参见郭雳、赵继尧:《智能投顾发展的法律挑战及其应对》,载《证券市场导报》2018 年第 6 期。

险和赔偿基金制度。[1] 对这一问题的解答，还有待于未来科技的发展以及在实践中的探索。

---

〔1〕 参见[美]约翰·莱特伯恩：《算法与受托人：对人工智能理财规划师现有和拟议的监管方法》，李诗鸿译，缪因知校，载彭冰主编：《金融法苑》第99辑，中国金融出版社2019年版，第257~262页。

参考文献

一、中文著作

1. [美]托马斯·李·哈森:《证券法》,张学安等译,中国政法大学出版社2003年版。

2. [美]路易斯·罗思、乔尔·赛里格曼:《美国证券监管法基础》,张路等译,法律出版社2008年版。

3. 董新义译:《韩国资本市场法》,知识产权出版社2011年版。

4. 朱大明、陈宇:《日本金融商品交易法要论》,法律出版社2017年版。

5. 崔传刚:《智能投资:机器交易时代的崛起》,机械工业出版社2018年版。

6. 李劲松、刘勇:《智能投顾:开启财富管理新时代》,机械工业出版社2018年版。

7. 王瑞贺主编:《中华人民共和国证券法释义》,法律出版社2020年版。

8. 邢会强等:《智能投顾时代的崛起——智能投顾法律问题研究》,中国金融出版社2020年版。

9. 钟宁桦、钱一蕾、解咪主编:《智能投顾前瞻》,北京大学出版社2020年版。

二、中文论文

1. 彭冰:《从 Lowe 案看美国对投资顾问的界定》,载徐明等主编:《证券法苑》第 1 卷,法律出版社 2009 年版。

2. 李延振、徐茂龙:《关于推进证券投资咨询制度变革的若干思考》,载《证券市场导报》2010 年第 1 期。

3. 侯外林:《关于完善我国证券投资咨询法规制度的思考》,载《南方金融》2010 年第 5 期。

4. 林义相、王昕:《证券投资咨询行业市场功能之立法思考和监管建议》,载《天津法学》2011 年第 4 期。

5. 步国旬:《证券投资顾问的利益冲突与信息隔离》,载《证券市场导报》2011 年第 9 期。

6. 甘培忠、周淳:《证券投资顾问受信义务研究》,载《法律适用》2012 年第 10 期。

7. 孟繁永:《美国证券投资顾问服务市场发展及借鉴》,载《证券市场导报》2012 年第 10 期。

8. 倪受彬、张艳蓉:《证券投资咨询机构的信义义务研究》,载《社会科学》2014 年第 10 期。

9. 李晴:《互联网证券智能化方向:智能投顾的法律关系、风险与监管》,载《上海金融》2016 年第 11 期。

10. 姜海燕、吴长凤:《智能投顾的发展现状及监管建议》,载《证券市场导报》2016 年第 12 期。

11. 李晴:《智能投顾的风险分析及法律规制路径》,载《南方金融》2017 年第 4 期。

12. 李文莉、杨玥捷:《智能投顾的法律风险及监管建议》,载《法学》2017 年第 8 期。

13. 沈朝晖:《证券投资咨询行业升级、两阶牌照与法制改革》,载《证券市场导报》2017 年第 12 期。

14. 王涌:《让资产管理行业回归大信托的格局》,载《清华金融评论》2018 年第 1 期。

15. 陈煜、任敏:《关于智能投顾法律规范框架的基本分析》,载《清华金融评论》2018 年第 2 期。

16. 刘彬:《智能投顾的发展之本与困难之源》,载《中国银行》2018 年第 2 期。

17. 王龙玉:《商业银行智能投顾业务主体资质问题浅析》,载《清华金融评论》2018 年第 2 期。

18. 钟维:《资金池理财产品的法律规制》,载《银行家》2018 年第 4 期。

19. 袁淼英:《我国证券智能投顾运营商市场准入制度的构建》,载《西南政法大学学报》2018 年第 3 期。

20. 吴烨、叶林:《"智能投顾"的本质及规制路径》,载《法学杂志》2018 年第 5 期。

21. 郭雳、赵继尧:《智能投顾发展的法律挑战及其应对》,载《证券市场导报》2018 年第 6 期。

22. 高丝敏:《智能投资顾问模式中的主体识别和义务设定》,载《法学研究》2018 年第 5 期。

23. 山成英、赵大伟:《从监管科技看智能投顾监管趋势》,载《西部金融》2018 年第 10 期。

24. 郑佳宁:《论智能投顾运营者的民事责任——以信义义务为中心的展开》,载《法学杂志》2018 年第 10 期。

25. 赵廉慧:《〈信托法〉是调整资管业务的基本法》,载《当代金融家》2018 年第 11 期。

26. 柳玲:《智能投顾的发展路径和合规思考》,载洪艳蓉主编:《金融法苑》第 97 辑,中国金融出版社 2018 年版。

27. 李文莉、杨玥捷:《智能投顾的信义义务》,载岳彩申、侯东德主编:《人工智能法学研究》2018 年第 1 期,社会科学文献出版社 2018 年版。

28. 邢会强:《人工智能投资顾问在我国的法律界定——从“智能投顾”到“智能财顾”再到“智能投顾”》,载岳彩申、侯东德主编:《人工智能法学研究》2018 年第 1 期,社会科学文献出版社 2018 年版。

29. 耿志强:《人工智能与金融深度融合的激励性法律规制——以智能投顾为切入》,载岳彩申、侯东德主编:《人工智能法学研究》2018 年第 2 期,社会科学文献出版社 2019 年版。

30. 刘沛佩:《我国证券市场智能投顾发展的监管思考》,载《证券市场导报》2019 年第 1 期。

31. 邢会强、银丹妮:《智能投顾信息披露法律制度的构建》,载《西北工业大学学报(社会科学版)》2019 年第 1 期。

32. 侯东德、张冉:《智能投顾信用风险的生成逻辑与治理策略》,载《西北工业大学学报(社会科学版)》2019 年第 2 期。

33. 杨东、武雨佳:《智能投顾中投资者适当性制度研究》,载《国家检察官学院学报》2019 年第 2 期。

34. 王宏宇、刘刊:《证券投资咨询制度变革及路径选择研究》,载《清华金融评论》2019 年第 3 期。

35. 陈娟、熊伟:《智能投顾的业务属性和准入监管研究》,载《金融监管研究》2019 年第 4 期。

36. 郭雳:《智能投顾开展的制度去障与法律助推》,载《政法论坛》2019 年第 4 期。

37. 沈伟、李术平:《迈向统一监管的资管新规:逻辑、工具和边界》,载《财经法学》2019 年第 5 期。

38. 陈雪:《人工智能时代智能投顾民事责任认定研究》,载《海南金融》2019 年第 7 期。

39. 王灏:《智能投资顾问服务之法律风险承担》,载《暨南学报(哲学社会科学版)》2019 年第 8 期。

40. 蒋辉宇:《论智能投顾技术性风险的制度防范》,载《暨南学报(哲学社会科学版)》2019 年第 9 期。

41. 王倩、徐亚钊:《智能投顾是否智能?》,载《金融市场研究》2019 年第 10 期。

42. 李瑞雪、李可萃:《智能投顾投资者适当性管理问题研究——从销售导向走向客户导向》,载《价格理论与实践》2019 年第 11 期。

43. 郭金良:《我国智能投资顾问发展的法律挑战及其监管应对》,载《江海学刊》2019 年第 6 期。

44. [美]约翰·莱特伯恩:《算法与受托人:对人工智能理财规划师现有和拟议的监管方法》,李诗鸿译,缪因知校,载彭冰主编:《金融法苑》第 99 辑,中国金融出版社 2019 年版。

45. 张子学:《美国证监会全面解读投资顾问信义义务与行为标准及其启示》,载郭文英主编:《投资者》第 7 辑,法律出版社 2019 年版。

46. 侯东德:《智能理财行业风险的法律应对》,载《政法论丛》2020 年第 1 期。

47. 赵吟:《智能投顾的功能定位与监管进路》,载《法学杂志》2020 年第 1 期。

48. 钟维:《中国式智能投顾:本源、异化与信义义务规制》,载《社会科学》2020 年第 4 期。

49. 钟维:《中国式智能投顾:规制路径与方案选择》,载《中国人民大学学报》2020 年第 3 期。

50. 王倩、许勤:《从问题导向探索智能投顾监管思路》,载《金融市场研究》2020 年第 5 期。

51. 丁国民、连浩琼:《智能投顾监管风险的因应对策》,载《北京邮电大学学报(社会科学版)》2020 年第 4 期。

52. 李瑞雪:《技术伦理下智能投顾算法治理问题研究》,载《大连理工大学学报(社会科学版)》2020 年第 5 期。

53. 李经纬:《构建中国智能投资顾问领先模式——基于市场需求与全球实践》,载《中央财经大学报》2020 年第 6 期。

54. 戴叙贤:《美国投资顾问模式对国内财富管理的启示及建议——以美国〈投资顾问法〉为视角》,载《银行家》2020 年第 12 期。

三、英文著作

1. Jeffrey Haas & Steven Howard, *Investment Adviser Regulation in a Nutshell*, West Academic Publishing, 2008.

2. Tamar Frankel, *Fiduciary Law*, Oxford University Press, 2010.

3. Tamar Frankel & Kenneth E. Burdon, *Investment Management Regulation*, Fathom Publishing Company, 2015.

4. Joseph A. Franco & Karl-Otto Hartmann, *Investment Management Regulation: An Introduction to Principles and Practice*, Carolina Academic Press, 2019.

四、英文论文

1. Arthur B. Laby, *Models of Securities Regulation in the United States*, 23 Fordham International Law Journal S20 (2000).

2. Arthur B. Laby, *The Fiduciary Obligations as the Adoption of Ends*, 56 Buffalo Law Review 99 (2008).

3. Arthur B. Laby, *Fiduciary Obligations of Broker-Dealers and Investment Advisers*, 55 Villanova Law Review 701 (2010).

4. Andrew Shilling, *No, Robos Still Can't Act as Fiduciaries, Attorney Contends* (2016), https://www.financial-planning.com/news/no-robos-still-cant-act-as-fiduciaries-attorney-contends.

5. Bret E. Strzelczyk, *Rise of the Machines: The Legal Implications for Investor Protection with the Rise of Robo-Advisors*, 16 DePaul Business & Commercial Law Journal 54 (2017).

6. Genna Garver & Zach Davison, *Rise of the Machines: SEC Issues Guidance on Robo-Advisors*, 134 The Banking Law Journal 259 (2017).

7. John Lightbourne, *Algorithms & Fiduciaries: Existing and Proposed Regulatory Approaches to Artificially Intelligent Financial Planners*, 67 Duke Law Journal 651 (2017).

8. Megan Ji, *Are Robots Good Fiduciaries? Regulating Robo-Advisors under the Investment Advisers Act of* 1940, 117 Columbia Law Review 1543 (2017).

9. Stephanie M. Monaco, et al., *US Securities and Exchange Commission's Division of Investment Management Issues Guidance Regarding Robo-advisers*, 18 Journal of Investment Compliance 26 (2017).

10. Benjamin P. Edwards, *The Rise of Automated Investment Advice: Can Robo-Advisers Rescue the Retail Market*, 93 Chicago-Kent Law Review 97 (2018).

11. Caelainn Carney, *Robo-Advisers and the Suitability Requirement: How They Fit in the Regulatory Framework*, 2018 Columbia Business Law Review 586 (2018).

12. Dominic Litz, *Risk, Reward, Robo-Advisers: Are Automated Investment Platforms Acting in Your Best Interest?*, 18 Journal of High Technology Law 367 (2018).

13. Nicole G. Iannarone, *Computer as Confidant Digital Investment Advice and the Fiduciary Standard*, 93 Chicago-Kent Law Review 141 (2018).

14. Tom Baker & Benedict Dellaert, *Regulating Robo Advice across the Financial Services Industry*, 103 Iowa Law Review 713 (2018).

15. Andrea L. Seidt, Noula Zaharis & Charles Jarrett, *Paying Attention to That Man behind the Curtain: State Securities Regulators' Early Conversations with Robo-Advisers*, 50 University of Toledo Law Review 501 (2019).

16. Hui Chia, *In Machines We Trust: Are Robo-Advisers More Trustworthy than Human Financial Advisers?*, 1 Law, Technology and Humans 129 (2019).

17. Ihsan Ibrahim Daldaban, *RegTech and SupTech for Robo-Advisers: Alternative Regulatory Methods for Enhancing Compliance*, 19 Asper Review of International Business and Trade Law 59 (2019).

18. Jake G. Rifkin, *Robo-Advisers Jumping on the Bandwagon: Yet Another Cry for a Uniform Standard*, 97 North Carolina Law Review 673 (2019).

19. Nicole G. Iannarone, *Rethinking Automated Investment Adviser Disclosure*, 50 University of Toledo Law Review 433 (2019).

20. Li Guo, *Regulating Investment Robo-Advisors in China: Problems and Prospects*, 21 European Business Organization Law Review 69 (2020).

21. Sophia Duffy & Steve Parrish, *You Say Fiduciary, I Say Binary: A Review and Recommendation of Robo-Advisors and the Fiduciary and Best Interest Standards*, 17 Hastings Business Law Journal 3 (2021).

五、英文监管指引

1. SEC, *Study on Investment Advisers and Broker-Dealers* (2011), https://www.sec.gov/files/913studyfinal.pdf.

2. SEC, *Regulation of Investment Advisers of the U. S. Securities and Exchange Commission* (2013), https://www.sec.gov/about/offices/oia/oia_investman/rplaze-042012.pdf.

3. IOSCO, *Report on the IOSCO Social Media and Automation of Advice Tools Surveys* (2014), https://www.iosco.org/library/pubdocs/pdf/IOSCOPD445.pdf.

4. CSA, *CSA Staff Notice 31 - 342 - Guidance for Portfolio Managers Regarding Online Advice* (2015), https://www.osc.gov.on.ca/documents/en/Securities-Category3/csa_20150924_31 - 342_portfolio-managers-online-advice.pdf.

5. ESAs, *Joint Committee Discussion Paper on Automation in Financial Advice* (2015), http://www.eba.europa.eu/documents/10180/1299866/JC + 2015 + 080 + Discussion + Paper + on + automation + in + financial + advice.pdf.

6. SEC & FINRA, *Investor Alert: Automated Investment Tools* (2015), https://www.sec.gov/oiea/investor-alerts-bulletins/autolistingtoolshtm.html.

7. ASIC, *Regulatory Guide 255: Providing Digital Financial Product Advice to Retail Clients* (2016), http://download.asic.gov.au/media/3994496/rg255 - published - 30 - august - 2016.pdf.

8. FINRA, *Report on Digital Investment Advice* (2016), http://www.finra.org/sites/default/files/digital-investment-advice-report.pdf.

9. IOSCO, *Update to the Report on the IOSCO Automated Advice Tools Survey: Final Report* (2016), http://www.iosco.org/library/pubdocs/pdf/IOSCOPD552.pdf.

10. IOSCO, *IOSCO Research Report on Financial Technologies (Fintech)* (2017), http://www.iosco.org/library/pubdocs/pdf/IOSCOPD554.pdf.

11. SEC, *Guidance Update: Robo-Advisers* (2017), https://www.sec.gov/files/2017 - 03/im-guidance - 2017 - 02.pdf.

12. SEC, *Investor Bulletin: Robo-Advisers* (2017), https://www.sec.gov/oiea/investor-alerts-bulletins/ib_robo-advisers.html.

13. FINRA, *Technology Based Innovations for Regulatory Compliance ("RegTech") in the Securities Industry* (2018), https://www.finra.org/sites/default/files/2018_RegTech_Report.pdf.

14. MAS, *Guidelines on Provision of Digital Advisory Services* (2018), https://www.mas.gov.sg/-/media/MAS/Regulations-and-Financial-Stability/Regulations-Guidance-and-Licensing/Securities-Futures-and-Fund-Management/Guidelines-on-Provision-of-Digital-Advisory-Services--CMGG02.pdf.

15. SEC, *Commission Interpretation Regarding Standard of Conduct for Investment Advisers*, 84 Federal Register 33669 (2019).

六、英文公报文件

1. Opinion of Director of Trading and Exchange Division, Investment Advisers Act Release No. 40 (Feb. 5, 1945).

2. Agency Cross Transactions for Advisory Clients, Investment Advisers Act Release No. 589 (June 1, 1977).

3. Interpretive Release Concerning the Scope of Section 28(e) of the Securities Exchange Act of 1934 and Related Matters, Exchange Act Release No. 23170 (Apr. 23, 1986).

4. Applicability of the Investment Advisers Act to Financial Planners, Pension Consultants, and Other Persons Who Provide Investment Advisory Services as a Component of Other Financial Services, Investment Advisers Act Release No. 1092 (Oct. 8, 1987).

5. Suitability of Investment Advice Provided by Investment Advisers, Investment Advisers Act Release No. 1406 (Mar. 16, 1994).

6. Status of Investment Advisory Programs, Investment Company Act Release No. 21 (July 27, 1995).

7. Use of Electronic Media by Broker-Dealers, Transfer Agents, and Investment Advisers for Delivery of Information, Investment Advisers Act Release No. 1562 (May 9, 1996).

8. Status of Investment Advisory Programs under the Investment Company Act of 1940, Investment Company Act Release No. 22579 (Mar. 24, 1997).

9. Interpretation of Section 206 (3) of the Advisers Act of 1940, Investment Advisers Act Release No. 1732 (July 17, 1998).

10. Commission Guidance on the Scope of Section 28(e) of the Exchange Act, Exchange Act Release No. 45194 (Dec. 27, 2001).

11. Proxy Voting by Investment Advisers, Investment Advisers Act Release No. 2106 (Jan. 31, 2003).

12. Compliance Programs of Investment Companies and Investment Advisers, Advisers Act Release No. 2204 (Dec. 17, 2003).

13. Commission Guidance Regarding Client Commission Practices Under Section 28(e) of the Securities Exchange Act of 1934, Exchange Act Release No. 54165 (July 18, 2006).

14. Amendments to Form ADV, Investment Advisers Act Release No. 2711 (Mar. 3, 2008).

15. Regulation S-P: Privacy of Consumer Financial Information and Safeguarding Personal Information, Investment Advisers Act Release No. 2712 (Mar. 4, 2008).

16. Commission Guidance on the Use of Company Web Sites, Investment Company Act Release No. 28351 (Aug. 1, 2008).

17. Regulation S-AM: Limitations on Affiliate Marketing, Investment Advisers Act Release No. 2911 (August, 4, 2009).

18. Final Model Privacy Form under the Gramm-Leach-Bliley Act, InvestmentAdvisers Act Release No. 2950 (Nov. 16, 2009).

19. Concept Release on the U. S. Proxy System, Investment Advisers Act Release No. 3052 (July 14, 2010).

20. Amendments to Form ADV, Investment Advisers Act Release No. 3060 (July 28, 2010).

21. Rule Implementing Amendments to the Investment Advisers Act of 1940, Investment Advisers Act Release No. 3221 (June 22, 2011).

22. Identity Theft Red Flags Rules, Investment Company Act Release No. 29969 (Feb. 28, 2012).

23. Exchange-Traded Funds, Securities Act Release No. 10515 (June 28, 2018).

24. Form CRS Relationship Summary; Amendments to Form ADV; Required Disclosures in Retail Communications and Restrictions on the Use of Certain Names or Titles, Investment Advisers Act Release No. 5247 (June 5, 2019).

七、英文案例

1. Meinhard v. Salmon, 164 N. E. 545 (N. Y. 1928).

2. In the Matter of Arleen W. Hughes, Exchange Act Release No. 4048 (Feb. 18, 1948).

3. SEC v. Capital Gains Research Bureau, Inc., et al., 375 U. S. 180 (1963).

4. In the Matter of Delaware Management Company, Inc., Securities Exchange Act Release No. 8128 (July 19, 1967).

5. In the Matter of Kidder Peabody & Co., Inc., InvestmentAdvisers Act Release No. 232 (Oct. 16, 1968).

6. Santa Fe Industries v. Green, 430 U. S. 462 (1977).

7. Steadman v. SEC, 603 F. 2d 1126 (5th Cir. 1979).

8. Transamerica Mortgage Advisors, Inc. v. Lewis, 444 U. S. 11 (1979).

9. In the Matter of Alfred C. Rizzo, Investment Advisers Act Release No. 897 (Jan 11, 1984).

10. Lowe v. SEC, 472 U. S. 181 (1985).

11. In the Matter of Mark Bailey & Co. , Investment Advisers Act Release No. 1105 (Feb. 24, 1988).

12. In the Matter of Baskin Planning Consultants, Ltd. , Investment Advisers Act Release 1297 (Dec. 19, 1991).

13. SEC v. Moran, 922 F. Supp. 867 (S. D. N. Y. 1996).

14. In the Matter of George E. Brooks & Associates, Inc. , Investment Advisers Act Release No. 1746 (Aug. 17, 1998).

15. In the Matter of Philip A. Lehman, Investment Advisers Act Release No. 1831 (Sept. 22, 1999).

16. In the Matter of Jamison, Eaton & Wood, Inc. , Investment Advisers Act Release No. 2129 (May 15, 2003).

17. SEC v. Bolla, 401 E Supp. 2d 43 (D. D. C. 2005).

18. In the Matter of Folger Nolan Fleming Douglas Capital Management, Inc. , InvestmentAdvisers Act Release No. 2639 (Aug. 23, 2007).

19. Raymond J. Lucia Cos. , SEC Release No. 495, 106 SEC Docket 3613, 3629 (ALJ July 8, 2013).

20. In the Matter of Larry C. Grossman, Investment Advisers Act Release No. 4543 (Sept. 30, 2016).

21. Green v. Morningstar, Inc. , No. 1:17 – cv – 05652 (N. D. Ill. Aug. 3, 2017).

22. In the Matter of Wealthfront Advisers, S. E. C. Release No. 5086

(Dec. 21, 2018).

23. In the Matter of Hedgeable Inc, S. E. C. Release No. 5086 (Dec. 21, 2018).

24. Pizarro v. Home Depot, Inc., 2020 WL 6939810 (N. D. 2020).